한국유아교육학회
유 아 교 육
디딤돌시리즈
6

쟁점 중심의 유아교육과정 이해

이정욱 박진이 양지애 이소정 류승희 지음

양서원

「유아교육 디딤돌 시리즈」를 출간하며

사단법인 한국유아교육학회는 1975년 우리나라 유아교육분야에서 최초로 창립된 학회로 유아교육학의 학문적 연구와 현장교육의 발전을 위해 중요한 역할을 수행해 왔습니다. 한국유아교육학회는 창립 이후 지금까지 정기적인 국내외 학술대회 개최와 국내 및 국제학회지 발간을 통해 회원들 간의 학술적 교류와 소통에 힘쓰고 있습니다. 유아교육의 학문적 정체성 정립을 위해 1995년부터 5년 단위로 '유아교육백서'를 발간해 왔으며, 1996년에는 유아교육학 분야 용어의 학술적 정의를 규정하는 '유아교육 용어사전'을 발간한 바 있습니다. 특히 한국유아교육학회가 그동안 지속적으로 발간해왔던 '유아교육백서'는 우리나라 유아교육분야의 기초 동향은 물론 교육과정과 교사교육, 유아교육재정과 행정, 법률 등의 내용과 그 의미를 분석함으로써 유아교육학 분야의 연구를 위한 중요한 자료가 될 뿐 아니라 정책수립의 기초가 되었습니다. 그러나 최근에는 유아교육학 분야와 관련된 통계나 기초자료에 대한 데이터베이스의 구축으로 인해 그동안 우리 학회가 발간해 왔던 유아교육백서의 내용과 형식에도 변화가 필요하게 되었습니다.

이에 한국유아교육학회는 그동안 출판해왔던 '유아교육백서'의 내용을 다양화하여 유아교육학 분야에서 중요한 개념이나 현상 또는 과제와 관련된 학문적 탐구를 심화시키면서도 현장 실제와의 연계방안을 제시하고자 합니다. 또한 형식 면에서도 여러 주제를 하나의 단행본에 담았던 것에서 나아가 주제별로 심화된 전문서적인 '유아교육 디딤돌 시리즈'로 출판하고자 합니다. 유아교육학의 기초가 되는 주요 개념이나 용어에 대한 기본적이면서도 학술적인 탐색이므로 이 서적의 내용이 바로 유아교육학 이해의 기초가 되며, 디딤돌이 된다는 의미에서 '유아교육 디딤돌 시리즈'로 이름 짓게 되었습니다. 앞으로 한국유아교육학회에서 유아교육 디딤돌 시리즈로 출판하고자 하는 주제는 수없이 많습니다. 기질, 민감성, 상호작용, 상상놀이, 문제행동, 유아중심, 부모, 교사, 우리 전통문화 등과 같은 주제는 우리 학문분야에서 중요하고 익숙하면서도 정리가 필요한 개념이기도 하고, 현장 교육 실제와의 연계가 필요한 것이기도 합니다.

이와 같은 작업의 일환으로 한국유아교육학회는 '쟁점 중심의 유아교육과정 이해'를 출판하게 되었습니다. 이 책은 국가수준 유치원 교육과정에서 유아 중심과 놀이 중심 교육과정을 바라보는 시각, 교사의 유아교육과정 재구성과 자율성, 유 · 초 교육과정 연계에 대한 이해를 담고 있습니다. 이번 디딤돌 시리즈를 집필하며 저자(이정욱, 박진이, 양지애, 이소정, 류승희)들은 주제 연구와 원고작성, 토론의 과정을 반복하며 의미 있는 결과물을 만들어내기 위해 무수한 숙고의 과정을 거쳤습니다.

온전하게 한 주제에 천착한 연구물을 모은 '유아교육 디딤돌 시리즈'는 대학이나 대학원에서 유아교육을 공부하는 후학들에게는 물론 많은 연구자와 현장 전문가들에게도 도움을 줄 것으로 기대합니다. 이후에도 학회에서는 학회 회원 여러분들을 대상으로 한 과제 공모를 통해 계속해서 많은 주제를 발굴하고 논의를 심화시켜 디딤돌 시리즈를 지속적으로 출판할 것입니다. 마지막으로 이 책 시리즈를 기획하는 과정에서 노고를 아끼지 않았던 사단법인 한국유아교육학회 기획부의 노고에 감사드립니다. 아울러 한국유아교육학회의 연구물 발행을 위해 모든 노력을 아끼지 않고 도움을 주신 박철용 회장님과 양서원에도 감사드립니다.

2020년 봄
22대 사단법인 한국유아교육학회
회장 김 경 철

차 례

맺는말

CHAPTER 2

유아교육과정의 재구성

CHAPTER 3

유·초 교육과정 연계

머리말

교육과정은 교육을 주 기능으로 하는 기관에서 "왜, 무엇을, 어떻게 가르치고 배울 것인가"를 결정하는 의사결정이고, 우리나라는 중앙정부 주도로 국가수준 교육과정을 개발하는 체제이다. 국가수준 교육과정이란 국가에서 교육과정을 개발하고 평가하는 것이며, 그 사회가 지향하는 교육적 인간상을 바탕으로 교육의 목적, 내용과 방법, 교육과정 운영 기준 및 기본 지침을 담고 있는 법적 문서를 의미한다.[1] 지역 교육청은 국가수준 교육과정을 근간으로 학교교육과정의 편성 · 운영 지침을 개발하고, 학교 및 교실 현장은 이를 토대로 자체 교육과정을 편성 · 운영하므로 결국 국가수준 교육과정이 교육에 대한 의사결정의 기본 틀을 제공하는 것이다.

1990년대의 국제적인 교육개혁의 일환으로, 유아기의 중요성에 대한 인식과 이해가 증가함에 따라 여러 국가들이 국가수준 유아교육과정 개발을 시작하였다(예: 프랑스 1995년, 영국 2000년, 스코틀랜드 1999년). 그러나 우리나라는 이미 1969년에 최초의 국가수준 유치원 교육과정을 제정 · 고시하였고, 그 후 2007

개정 유치원 교육과정까지 수차례에 거쳐 개정이 이루어졌다. 2013년에는 유치원 교육과정과 표준보육과정을 일원화한 「3–5세 연령별 누리과정」을 유치원과 어린이집의 공통과정으로 제정 · 고시하였고, 2019년에 이를 개정하면서 누리과정은 만 3~5세 유아를 위한 국가수준의 교육과정임을 명료화하였다.

교육과정은 여러 다른 가치와 이념, 관점 간의 투쟁이며 정치적 의사결정이다.[2] 국가수준 유아교육과정의 개발은 해당 국가의 시간 및 공간적 맥락을 반영하는데 특히 교육과정이 개발되는 시점의 유아기 교육에 대한 주류 담론에 민감하게 반응하고 반영한다.[3] 따라서 교육과정과 관련한 주요 쟁점을 국가수준 유치원 교육과정의 변천과정에서 시간의 흐름에 따라 종적으로 살펴보면 시기별 특징을 파악할 수 있고, 이를 통해 향후 교육과정의 방향 설정을 위한 시사점을 제시할 수 있다. 이 책에서는 유치원 교육과정의 주요 쟁점으로 유아 중심과 놀이 중심 교육과정, 교사의 교육과정 재구성, 유 · 초 교육과정의 연계에 주목한다.

2019 개정 누리과정이 개발되고 고시되는 과정에서 주된 담론은 유아 중심과 놀이 중심 교육과정이었다. 놀이와 유아 중심은 유아교육에서 추구하는 핵심 가치로서 그동안의 국가수준 유치원 교육과정에서도 늘 강조해 온 바이다.[4][5][6] 그렇다면 2019 개정 누리과정에서 강조하는 '유아 중심, 놀이 중심'은 이전 교육과정들에서 강조되어 온 것과 어떤 차이가 있는가에 대한 논의가 필요하다. 교육과정의 개정 시기에는 이전 교육과정으로부터 개정 교육과정으로의 변화 내용에 주목하고, 변화를

가져온 배경과 타당성에 대해 검토할 필요가 있기 때문이다.

아동 중심 교육과정의 의미는 역사적으로 다양하게 변화되어왔다.[7] 놀이 역시 명확하게 정의하기 어려운 개념이라서 놀이 중심 교육과정을 바라보는 시각도 다양하다. 특히, 교육과정이란 용어에 아동 중심과 놀이 중심이 덧붙여지면 교육이란 장에서 바라보는 아동 중심이 무엇이고, 놀이 중심이 무엇인가를 생각해야 한다. 이는 교육과정이 교육을 주 기능으로 하는 기관에 존재하기 때문이다. 예컨대, 놀이 중심 교육과정은 놀이 자체가 교육내용이어야 함을 의미하는가? 즉, 놀이라는 행위 자체가 교육내용인 '무엇'에 해당하는가? 그렇다면 교사는 놀이를 가르치고 배우도록 해야 하는가? 아니면 보편교육으로 모든 유아가 최소한 경험해야 할 내용을 제공하는 방식 즉, 교수 · 학습으로의 놀이를 의미하는가?

따라서 이 책의 제1장은 국가수준 유치원 교육과정에서 유아 중심과 놀이 중심 교육과정을 바라보는 시각이 교육과정 개정 시점에 어떻게 반영되어 있는지를 분석함으로써 연속적인 궤적이나 단절적인 문턱을 파악하고자 한다. 이러한 통시적 분석은 유아 중심과 놀이 중심 교육과정의 의의와 한계를 탐색하도록 이끌 것이다.

2019 개정 누리과정과 함께 주목받고 있는 또 다른 쟁점은 교육과정의 자율성이다. 전통적으로 강한 국가수준 교육과정 체제를 가지고 있는 우리나라는 제6차 교육과정부터 교육과정 자율화 정책을 펼쳐 단위 학교나 교사가 국가수준 교육과정을 재구성하여 적용할 것을 강조하였다.[8] 그러나 기간학제에 포

함되어 있지 않은 유아교육은 타 학교급과 달리 국가의 통제가 약하여 비록 국가수준 유치원 교육과정이 존재하나 유치원 현장에서는 그 실효성이 미약하였다. 자유방임에 가까웠던 유치원 교육과정 정책은 2008년 제1주기 유치원 기관평가를 도입하고 평가지표에 교육과정 영역을 포함하면서 국가수준 교육과정의 충실한 실행을 보다 강조하기 시작하였다. 더불어, 2013년 3–5세 연령별 누리과정이 도입되면서 유아 학비에 대한 보편재정 지원이 이루어지고, 이에 따라 유아교육의 책무성과 효과성 강화에 주목하며 국가수준 유치원 교육과정의 충실한 실행을 더욱 강조하게 되었다. 그 결과, 교육현장에서는 교육부가 발간 · 배포하는 교사용지도서에 과도하게 의존하는 경향이 나타났고 현장 교육과정의 획일화 논쟁을 불러일으켰다. 특히 주제중심통합교육과정 운영의 구체적인 예시를 보여주기 위한 교사용지도서가 교사들에게 교과서의 역할을 하며 처방전으로 잘못 이해됨으로써 유치원 현장이 각자의 교육과정을 만들어 가기보다는 획일화되는 결과를 가져왔다.

교육과정 획일화를 비판하는 교육과정의 통제 담론은 유치원 교육과정 운영의 다양화와 자율성에 주목하고, 국가수준 교육과정 체제 아래에서 교사의 교육과정 재구성을 강조한다. 유아교육 현장에서 교육과정을 실행하는 주체는 교사이다. 일반적이고 보편적인 수준의 국가수준 교육과정이 개별 유아교육기관의 특수성 및 학부모의 요구, 유아들의 다양성을 충족시키기 어렵기 때문에 교사들은 기관 상황에 맞게, 유아들에게 적절하게 국가수준 교육과정을 재구성하여 가르칠 수밖에 없다.[9] 따라서 교사의 교육과정 재구성은 국가수준 교육과정의 획일성과 경직성을 극복하고자 하는 나름의 노력인 것이다. 이에 이 책의 제2장에서는 교사의 교육과정 재구성이 제1차 유치원 교육과정부터 2019 개정 누리과정에 이르기까지 어떻게 반영되어 있는지, 교육과정 재구성과 관련된 쟁점은 무엇인지를 살펴보고자 한다.

한편, 학교교육을 받는 동안 한 학교급에서 다른 학교급으로의 전이(transition)는 피할 수 없고, 각 학교급은 특정 사회의 이념적 · 경제적 · 사회적 · 법적 상황 및 주된 가치와 개념들에 의해 구성된 각자의 정체성이 있으므로,[10] 서로 간의 이질성이 존재한다. 그러나 그 안에서 생활하는 유아들의 경험은 별개로 분리되는 것이 아니라 이전 경험과 새로운 경험이 연속성을 지니면서 이질적인 것들을 새롭게 학습하고 적응하게 되므로 경험의 연속성이 무엇보다 중요하게 된다.[11]

유치원 유아와 초등학교 저학년 유아는 발달상으로 나타나는 유사성에도 불구하고 두 학교급에서 제공하는 경험의 차이가 너무 크기 때문에 이 시기의 원활한 전이가 특히 강조되고 주목받으며 유치원과 초등학교 교육의 연계가 쟁점이 되었다. 유치원 교육의 창시자인 프뢰벨(Fröbel)도 이미 1852년에 '유아학교와 초등학교 간의 유기적 연결(the organic linking of pre-school with primary school education)'을 위한 구체적인 계획을 제시[12]하며 유아교육과 초등교육 간의 불연속성과 전이과정에서 존재하는 격차를 어떻게 연결할 것인가에 대한 논의를 시작한 바 있다. 유아교육과 초등교육 간의 연계는 특히 2000년대 이후부터 UNESCO, UNICEF, OECD와 같은 국제기구들의 영향으로 그 중요성이 국제적으로 부각되고 있다. 예를 들어, OECD(2012)는 유아의 지속적인 성장발달을 위해 유아교육에서 초등교육으로의 원활한 전이가 매우 중요하며 이는 OECD 국가들이 직면하고 있는 도전 중의 하나라고 지적[13]하였으며, 2014-15년 정책 아젠다 중의 하나로 유아교육과 초등교육의 연계를 제시하였다.

국내에서는 유치원과 초등학교 교육과정의 연계에 대한 논의가 주로 유아교육계를 중심으로 전개되어왔으나 2009 개정 초등교육과정의 현장 적용과 관련하여 주요 이슈 중 하나가 되면서 초등학교 교육에서도 핵심 사안으로 부각되었다.[14] 특히 정부는 2011년 '5세 누리과정 정책' 발표 시에 초등학교 교육과의 연계 강화를 기본 방침으로 발표하였다. 그 후, 비록 의무교육은 아니지만 취학직전 만 5세 유아의 90% 이상이 누리과정에 의해 교육을 받고 초등학교에 입학하게 됨에 따라 교육부는 2014년 9월에 '2015 문 · 이과 통합형 교육과정' 개정을 발표하면서 개정 교육과정 총론 주요 사항으로 유 · 초연계 강화를 제시하였다. 더불어, 유치원 교육과의 연계를 위해 처음으로 유아교육 전문가가 2015 개정 교육과정 총론 연구와 초등학교 통합교과 교육과정 개정연구의 공동연구원으로 참여하는 성과가 있었다. 또한, 초등 통합교과 교육과정의 '교수 · 학습 및 평가의 방향'에 '5세 누리과정과 연계하여 지도하라'는 내용을 포함함으로써 국가수준 교육과정 고시에 유 · 초연계를 위한 명확한 근거를 처음으로 제시하였다는 진전이 있었다.

이같이 국가 차원에서 유치원과 초등학교 교육과정의 연계를 위한 정책적 노력을 하고 있기에 이 책의 제3장에서는 교육과정의 주요 쟁점으로 유·초 교육과정 연계에 주목한다. 교육과정 개정 시기별로 국가수준의 유치원과 초등학교 교육과정에서 유·초연계에 대한 시각이 어떻게 반영되어왔는지 그 흐름을 살피고 최근의 국가수준, 지역 교육청 수준, 학교 현장에서 유·초연계가 어떻게 진행되고 있는지를 제시하고자 한다.

이 책은 오랜 기간 유아교육기관 현장에서, 그리고 대학의 강단에서 '왜 어린 유아들이 교육기관인 유치원에 와야 하는가? 유아교육기관에서는 무엇을, 어떻게 가르치고 배워야 하는가?'에 대해 고민해 온 필자들이 나름의 답을 찾고자 시작한 첫 발걸음이다. 충분히 영글지 않은 결과물을 제시하는 것이 망설여지기도 했지만, 우리 안의 질문에 답하고 고민을 해결하기 위한 학문적 여정을 지속하기 위해 넘는 문턱이라 생각하고 집필하였다. 이 책이 저자들과 유사한 고민과 의문을 지닌 이들에게 말 걸기를 시도하는 시작점이 되길 기대한다.

참고문헌

1) 이정욱 (2019). 누리과정 개정안의 주요 특징 및 쟁점 분석. **유아교육연구, 39**(2), 255–277.

2) Kliebard, H. (1987). *The struggle for the American curriculum, 1893-1958*. Boston: Routledge & Kegan Paul Books.

3) Nuttall, J., & Edwards, S. (2007). Theory, policy and practice: three contexts for the development of Australasia's early childhood curriculum documents. In L. Keesing–Style & H. Hedges (Eds.), *Theorising early childhood practice: emerging dialogues* (pp. 3–22). Castle Hill, NSW: Pademelon Press.

4) 김영옥 (2018). 유아 중심과 누리과정에 대한 사유. **유아, 누리과정과 함께 삶의 주체가 되다.** 2018 누리과정 현장포럼(전라권역) 자료집, pp. 3–20. 광주: 광주광역시 교육연수원.

5) 문미옥 (2018). 놀이 중심 누리과정의 발전적 미래 방향. **누리과정, 놀자! 놀면서 배우자.** 2018 누리과정 현장포럼(경상권역) 자료집, pp.11–34. 대구: 대구광역시교육연수원.

6) 1)과 동일

7) 양옥승 (2005). 아동중심 교육과정의 의미 탐색. **유아교육연구, 25**(2), 103–117.

8) 교육부 (1992). **초등학교 교육과정 해설(Ⅰ).** 교육부 고시 제1992–16.

9) 서경혜 (2016). 교육과정 재구성 논쟁. **교육과정연구, 34**(3), 209–235.

10) Dahlberg, G. & Taguchi, H. L. (1994). *Pre-school and School: the encounter of two different traditions and a vision of a possible setting of a fruitful and creative interaction*. Paper presented at Settings in Interaction: 4th Annual Conference on the Quality of Early Childhood Education, Goteburg, Sweden.

11) 윤은주 (2010). 유 · 초 연계의 재개념화 : Dewey와 Nodding의 연속성을 기반으로. **유아교육학논집, 14**(6), 273–292.

12) Vrinioti, K., Einarsdottir, J., & Broström, S. (2010). Transitions from Preschool to Primary School. In Müller, H. (Ed.), *Transition from pre-school to school: emphasizing early literacy–comments and reflections by researchers from eight European countries* (pp. 16–20). Cologne: EU–Agency, Regional Government for Cologne/Germany.

13) OECD (2012). *Starting strong Ⅲ: a quality toolbox for early childhood education and care*. Paris, France: OECD.

14) 이미숙, 이승미, 박현정 (2014). **초등학교 교육과정 개선방향 탐색**. 서울: 한국교육과정평가원.

CHAPTER 1

유아 · 놀이 중심 교육과정

유아 · 놀이
중심
교육과정

여는 글

유아교육기관의 교육과정을 언급할 때면 늘 유아 중심,* 놀이 중심이 함께 거론된다. 이 두 용어는 타 학교급 교육과정과 구분되는 유아교육과정의 독특한 특징을 함축하는 개념으로 서로 연동되어 광범위하게 사용되어왔다. 유아 중심은 교사 중심과 대립되는 용어로 주로 사용되어왔으나 국가수준 교육과정에서 그 의미를 명확히 정의하지 않아 모호함이 있다. 놀이의 개념 역시 인식론적 관점에 따라 차이가 있어 놀이 중심 교육과정의 의미를 명료하게 합의하기에는 어려움이 있다.

2019 개정 누리과정은 주요 개정 내용으로 유아 · 놀이 중심 교육과정의 재정립을 제시하였다. 2019 개정 누리과정 해설서[1)]

* 아동 중심과 유아 중심을 흔히 혼용하여 사용하는 경향이 있으나 본문에서는 유아 중심으로 용어를 통일하여 용어 사용의 일관성을 유지함

에서는 '유아 중심'이란 누리과정을 운영하는 과정에서 유아의 건강과 행복, 놀이를 통한 배움의 가치를 최대한 존중하여 반영하는 것(26쪽)이라고 제시하였다. '놀이 중심'이란 유아가 주도하는 놀이를 중심으로 교육과정을 구성하고 운영하는 것(26쪽)으로 기술하고 있다. 이는 유아 중심과 놀이 중심이 별개가 아니라 서로 긴밀하게 연결되어 있음을 보여준다.

'재정립'이란 '다시 바로 세움'[2]을 뜻하므로 이미 존재하고 있음을 전제해야 가능하다. 또한, 바로 세운다는 것은 처음과 달리 쓰여지고 있거나 잘못 가고 있을 때 필요하다. 그렇다면 재정립이 요구되는 이전 국가수준 교육과정에서의 유아 중심과 놀이 중심 교육과정이란 무엇인가? 2019 개정 누리과정에서 제시하는 유아 중심과 놀이 중심 교육과정의 개념은 이전 국가수준 교육과정에서의 개념들과 어떻게 이어지는지 또는 차별화되는지에 대한 논의가 필요하다.

따라서 본 장에서는 제1차 유치원 교육과정부터 2019 개정 누리과정까지 국가수준 교육과정 고시문 총론과 해설서*에서 나타나는 유아 중심과 놀이 중심의 의미를 비교 · 분석함으로써 연속적인 궤적 또는 단절적인 문턱을 살펴보고자 한다. 국가수준 유치원 교육과정은 각 시대의 요구와 교육현장의 요구, 사회 여건 및 지식의 변화, 유아교육 이론의 발전 등을 반영하면서 계속하여 평가와 수정을 거듭하기 때문에 교육과정의

* 제1차, 제2차 유치원 교육과정은 해설서가 없으므로 고시문 총론만을, 제3차 유치원 교육과정부터 2019 개정 누리과정까지는 고시문 총론과 해설서를 분석대상으로 함

변천사 속에서 핵심 용어를 살펴보는 것은 의미 있는 일이 될 것이다. 이러한 시도는 유아 중심과 놀이 중심 교육과정에 대한 의미를 명료화하여 유아교육계 내의 불필요한 논쟁을 줄이고 공동의 합의된 의미를 찾아가는 데 기여할 수 있을 것이다.

유아 중심 교육과정

유아교육과정에서 '유아 중심'은 관점 및 학자들에 따라 다양한 의미를 내포하며 사용되어왔다. 이 용어를 처음 사용한 프뢰벨(Fröbel)은 유아교육에서의 '유아 중심'이란 유아의 발달 특성에 맞게 교육과정을 제공하는 것, 듀이(Dewey)는 유아의 흥미(관심)를 존중하는 교육과정, 구성주의 관점에서는 능동적 지식 구성자로서 유아를 존중하고 교육과정의 사회문화적 맥락을 강조하는 것으로 간주한다.[3] 유아 중심의 의미를 고찰한 국내 연구자들은 유아의 주도적 역할과 선택,[4] 유아 존중과 유아의 발달 원리에 맞는 교육,[5] 유아의 능동적 의미구성과 탐구를 중시하는 과정 지향적 교육[6] 등에 초점을 두고 개념화하였다. 최근에는 아동권리 측면에서 유아의 참여권을 강조하며 유아 중심을 설명하기도 한다.

이와 같이 유아 중심을 바라보는 관점에 따라 강조하는 바가 다르지만, 유아 중심 교육과정은 우리나라 국가수준 유치원 교육과정의 주요한 특징으로 대표되어왔다. 김영옥(2019)[7]은 국가수준 유치원 교육과정에서 제시해 온 유아 중심 교육과정이란 '유아의 자발성이 존중되고 유아 스스로 주도하는 교육으로 유아가 현재 가지고 있는 흥미와 요구를 존중하는 자연스러운 환경 속에서 이루어져야 하며, 유아의 개인차를 인정하고 전인 발달을 이룰 수 있도록 교사의 중재가 중요시 되는 교육과정'(237쪽)이라고 설명한 바 있다. 본 절에서는 국가수준 유치원 교육과정에서 '유아 중심'이라는 용어가 어디서, 어떤 의미로 사용되었는지를 구체적으로 살펴보고자 한다.

국가수준 교육과정에서의 유아 중심

국가수준 유치원 교육과정 고시문 총론에서 '유아 중심'이란 용어가 직접 등장한 것은 제6차 유치원 교육과정이 처음이었다. 제6차 유치원 교육과정이 그 성격을 유아 중심 교육과정이라고 규정한 것에 이어 2007 개정 유치원 교육과정에서도 유아 중심 교육과정임을 명시하였다. 그러나 3-5세 연령별 누리과정은 유치원과 어린이집의 공통과정이란 명칭 외에는 그 성격을 교육과정으로 규정하지 않았고, 이에 따라 3-5세 연령별 누리과정에는 유아 중심 교육과정이라는 용어가 등장하지 않았다. 2019 개정 누리과정은 그 성격이 교육과정임을 다시금 명시하고, 누리과정은 '유아 중심을 추구한다'고 밝히고 있다.

한편, 고시문 총론과 달리 해설서에서는 제4차 유치원 교육과정 해설서에 유아 중심이란 용어가 처음 등장하였다. 제4차 유치원 교육과정 해설서는 'Ⅱ. 유치원 교육과정의 변천' 중 '3. 제2차 유치원 교육과정' 부분에서 제1차와 제2차 유치원 교육과정 비교표를 제시하였는데 여기에서 아동관이 유아 중심 교육관임을 밝히고 있다(16쪽). 이를 통해 우리나라 국가수준 유치원 교육과정은 처음 제정될 때부터 유아 중심의 교육과정을 추구하였음을 추론할 수 있다. 그러나 제4차 유치원 교육과정 해설서에는 유아 중심 교육관이 무엇이라는 명확한 개념 정의를 제시하고 있지 않다. 대신 '유아의 흥미에 맞는 경험을 하는 유아 중심 교육관', '유아의 흥미 중심, 산 경험 중심, 자발적 발견을 강조하는 유아 중심 교육관'과 같이 관형적 뜻의 수식어를 통해 유아 중심 교육을 설명하였다.

제5차 유치원 교육과정 해설서에는 유아 중심이라는 용어가 몇 차례 등장한다. 'Ⅰ. 유치원 교육과정의 성격' 중 '4. 제5차 유치원 교육과정의 특성'을 설명할 때, '교육내용과 교수 방법에 있어서 유아들의 주도권을 인정하고 유아들이 선택하는 모든 활동을 중시하는 유아 중심의 관점으로 구성'(9쪽), '유아의 흥미, 요구가 교육의 시작점이 됨으로써, ~ 유아 중심 교육'(10쪽)이라 밝히며 유아 중심의 의미를 기술하고 있다. 제6차 유치원 교육과정 해설서에서는 'Ⅱ. 유치원 교육과정의 개정 중점과 구성 방향' 중 '1. 개정의 배경' 부분에서 개정의 기본방향을 설명하며 '유아의 능력, 적성에 적합한 유아 중심 교육의 실천'(15쪽)이라고 명시하였다.

3-5세 연령별 누리과정의 경우, 해설서에는 '제2부 총론'의 'Ⅲ. 편성과 운영' 중 '4. 평가'에서 유아 중심적인 상호작용의 평가를 언급하며 유아 중심을 제시하고 있다. 그러나 유아 중심이란 용어가 등장하지만 그 의미하는 바가 구체적으로 무엇

인지는 명확히 설명하고 있지 않다. 반면, 2019 개정 누리과정 해설서에서는 '제2부 총론 해설' 중 'Ⅰ. 누리과정의 성격'에서 유아 중심이란 '유아의 건강과 행복, 놀이를 통한 배움의 가치를 최대한 존중하여 반영하는 것'(26쪽)이라고 명확히 정의하고 있다. 이는 2019 개정 누리과정의 주요 개정 내용 중의 하나가 유아 · 놀이 중심 교육과정의 재정립이므로 용어에 대한 명료한 정의를 내리는 것이 필요하였기 때문이라 사료된다.

이상에서 살펴본 제1차 유치원 교육과정부터 2019 개정 누리과정에 이르기까지 고시문 총론과 해설서에서 '유아 중심'이라는 용어를 포함하고 있는 주요 문장을 구체적으로 제시하면 **표 1-1** 과 같다.

표 1-1 '유아 중심' 용어를 포함하고 있는 주요 문장

시기	내용
제1차	• 유아에게 흥미에 맞는 경험을 하게 하는 유아 중심 교육관 (제1차 유치원 교육과정 아동관, 제4차 유치원 교육과정 해설서 16쪽)
제2차	• 유아의 흥미 중심, 산 경험 중심, 자발적 발견을 강조하는 유아 중심 교육관 (제2차 유치원 교육과정 아동관, 제4차 유치원 교육과정 해설서 16쪽)
제4차	• 영역별 목표는 유아 중심으로 간결하고 명확하게 진술한다. (제4차 유치원 교육과정 구성 방침, 해설서 24쪽)
제5차	• 교육과정은 교육내용과 교수 방법에 있어서 유아들의 주도권을 인정하고, 유아들이 선택하는 모든 활동을 중시하는 유아 중심의 관점에 따라 구성하였으므로, 유치원 교실이나 가정에서의 경험이 각종 활동을 통해 최선으로 이루어지도록 하는 나침반 역할을 하게 되었다. (제5차 유치원 교육과정 특성, 해설서 9쪽) • 유아의 흥미, 요구가 교육의 시작점이 됨으로써, 교육내용의 체계와 연결되는 유아 중심 교육이 이루어질 수 있기 때문이다. (제5차 유치원 교육과정 특성, 해설서 10쪽) • 유아 중심 교수 방법, 개별화 교육, 통합적 운영을 강조하고 있으며, 유아의 발달에 부적합한 학습지나 문제지는 쓰지 않도록 명시하고 있다. (제5차 유치원 교육과정 개요, 해설서 12쪽)

제5차	• 유아를 존중하고 개별성을 인정하며, 유아의 흥미 관심에 따라 활동하도록 돕는 유아 중심 교육의 실천을 강조하고 있다. (제5차 유치원 교육과정 개요, 해설서 17쪽)
제6차	• 유아의 자율성과 창의성을 신장하기 위한 유아 중심의 교육과정이다. (제6차 유치원 교육과정 성격, 고시문 3쪽) • 유아의 능력, 적성에 적합한 유아 중심 교육의 실천 (제6차 유치원 교육과정 개정 기본 방향, 해설서 15쪽)
2007 개정	• 유아의 자율성과 창의성을 신장하기 위한 유아 중심의 교육과정이다. (2007 개정 유치원 교육과정 성격, 고시문 2쪽)
3–5세 연령별 누리과정	• 활동을 진행할 때 유아의 흥미와 요구를 고려하여 개별적이고 유아 중심적인 상호작용을 하였는지 등을 평가한다. (3–5세 누리과정 평가, 해설서 33쪽)
2019 개정 누리과정	• 유아 중심과 놀이 중심을 추구한다. (2019 개정 누리과정의 성격, 고시문 4쪽) • 유아가 중심이 되는 놀이 위주의 교육과정 개편 (2019 개정 누리과정의 제정과 개정, 해설서 9쪽) • 교육내용을 간략화하고 유아가 주도하는 놀이를 통해 배움이 구현될 수 있도록 유아 · 놀이 중심 교육과정으로 나아가고자 하였다. (2019 개정 누리과정의 개정 취지, 해설서 12쪽) • 개정 누리과정이 '유아 중심'을 추구한다는 것은 누리과정을 운영하는 과정에서 유아의 건강과 행복, 놀이를 통한 배움의 가치를 최대한 존중하여 반영하는 것을 의미한다. (2019 개정 누리과정의 성격, 해설서 26쪽) • 유아 · 놀이 중심 교육과정에서는 유아가 놀이에서 경험하는 배움을 지원하기 위해 교사의 자율성을 강조한다. (2019 개정 누리과정의 운영(교수 · 학습), 해설서 47쪽) • 평가의 목적은 유아가 중심이 되고 놀이가 살아나는 누리과정 운영을 자체적으로 평가하여, 누리과정 운영의 질을 진단하고 누리과정 운영을 보다 나은 방향으로 개선하는 데 있다. (2019 개정 누리과정의 운영(평가), 해설서 53쪽) …(후략)…

※ 주: 2019 개정 누리과정은, 「개정 취지, 주요 개정 내용, 성격, 운영, 교수·학습, 운영(평가)」에서 '유아 중심' 용어가 진술되었으며, 표에서는 일부 내용만을 요약하여 제시함.

위에서 알 수 있듯이 국가수준 유치원 교육과정 문서에서 유아 중심이란 용어는 2019 개정 누리과정 이전까지는 많이 사용되지 않았으며, 그 의미도 명료하게 기술하고 있지 않다. 2019 개정 누리과정은 처음으로 유아 중심 교육과정이 무엇인지를 명시적으로 정의하고 있으나 그 의미가 지나치게 포괄적이라 유아 중심에 해당하는 범위가 모호하다. 예컨대, '유아의 건강과 행복, 놀이를 통한 배움의 가치를 최대한 존중하고 반영하는 것'이라는 정의에서 유아의(심신의) 건강과 행복은 교육이 지향하는 방향이나 궁극적인 목적에 해당하는 추상적 개념으로, 이를 구현하기 위한 구체적인 교육의 실제에 해당하는 교육과정의 특징이라 하기에는 너무 포괄적이다. 정의를 내리는 것은 어떤 대상을 명확히 밝혀 규정하는 행위로 일종의 경계 짓기에 해당한다. 그런데 정의하는 대상을 지나치게 포괄적으로 묘사하면 경계 짓기의 기능을 상실하게 된다.

앞서 언급한 바와 같이 2019 개정 누리과정 이전의 교육과정들에서는 유아 중심의 개념을 '~하는 유아 중심'이라는 관형적 뜻의 수식어를 사용하여 서술하고 있다. 유아 중심의 의미를 설명하기 위한 수식어의 주된 단어들은 유아의 흥미, 경험, 자발성, 주도권(주도성), 선택, 요구, 관심, 능력, 적성 등이었다. 이와 같은 관형적 표현에서 제시되는 개념들로부터 유아 중심의 의미를 추론해보면, 유아 중심 교육과정은 '유아의 흥미와 관심 및 요구에서 시작하고 유아의 능력과 적성에 적합하며 유아가 자발적으로 선택하고 주도하는 것을 중시하는 교육과정'이라 할 수 있을 것이다.

국가수준 교육과정에서 나타나는 유아 중심 교육과정의 의미 구성은 특히 관형적 표현에서 중요한 수식어로 빈번하게 나타났던 '흥미, 경험, 자발성, 주도권'이 사용된 문장의 내용을 구체적으로 살펴보면 좀 더 명료화할 수 있을 것이다. 이에 이들 문장의 내용분석 결과를 이어서 제시하고자 한다.

경험, 흥미, 자발성

국가수준 유치원 교육과정에서 유아 중심의 의미를 설명하는 '경험', '흥미', '자발성'이란 단어가 사용된 문장의 내용분석은 이들 핵심 단어와 함께 사용되는 단어가 무엇인지를 파악하는 데 초점을 두었다. 이를 위해 첫째, 유치원 교육과정 고시문과 해설서에서 '경험', '흥미', '자발성' 단어를 포함하는 문장을 추출하였다. 자발성의 경우, '남이 시키거나 요청하지 아니하여도 자기 스스로 나아가 행하는 것'[8]을 뜻하므로 이와 비슷한 맥락으로 사용되고 있는 '스스로', '주도하는' 단어를 사용하고 있는 문장도 포함하여 추출하였다. 둘째, 해당 문장에서 '경험', '흥미', '자발성'과 함께 사용되는 단어의 종류와 빈도수를 분석하였다. 이에 따른 결과는 그림 1-1 과 같다.

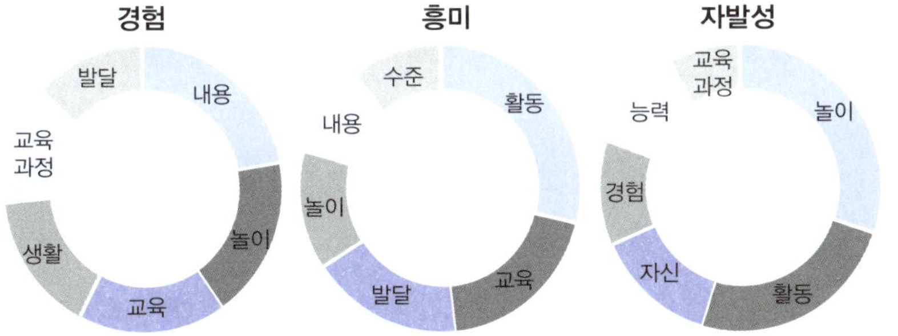

내용(78)〉놀이(63)〉교육(60)〉생활(54)〉교육과정(48)〉발달(45)

활동(93)〉교육(63)〉발달(56)〉놀이(43)〉내용(34)〉수준(33)

놀이(55)〉활동(44)〉자신(26)〉경험(21)=능력(21)〉교육과정(15)

그림 1-1
'경험', '흥미', '자발성'과 함께 사용되고 있는 단어
※ 주: ( )의 숫자는 빈도수를 나타냄.

유아 중심과 관련된 '경험'이란 단어를 포함하고 있는 문장에서 가장 빈번하게 출현하는 단어는 '내용〉놀이〉교육〉생활〉교육과정〉발달' 순서로 나타났다. '내용'이 가장 빈번히 언급된 점은 교육내용의 선정이 유아의 경험에 기초해야 함을 강조하는 것으로 볼 수 있다. '흥미'는 '활동〉교육〉발달〉놀이〉내용〉수준' 순으로 나타났는데 '활동'이 가장 빈번하게 언급된 결과는 유아의 활동에서 특히 흥미에 주목한다는 점을 알 수 있다. '자발성'은 '놀이〉활동〉자신〉경험=능력〉교육과정'의 순으로 나타났고, '놀이'가 가장 빈번히 언급된 결과는 놀이의 핵심이 유아의 자발성에 있음을 보여주는 것이다.

'경험'을 포함한 문장에서만 출현하는 단어는 '생활'로서 유아의 생활 속에서의 경험을 강조하는 것을 알 수 있다. '흥미'를 포함한 문장에서만 출현하는 단어는 '수준'으로 이는 유아의 흥미를 언급할 때는 유아의 발달 수준에 대한 고려를 함께 강조하는 것에 기인한다. 예컨대 '유아의 발달 수준 및 흥미에 맞게 교육내용을 선정하고…(제4차 유치원교육과정 해설서, 22쪽)'와 같이 기술되기 때문이다. 반면, '자발성'을 포함하는 문장에만 출현하는 단어는 '자신, 경험, 능력'으로 자발성에 '스스로'와 '주도'를 포함한 것과 관련이 있는 것으로 보인다. 유아 자신의 강조, 유아가 스스로 선택하거나 주도하는 경험, 스스로 또는 자발적으로 하는 능력을 강조하는 것으로 해석할 수 있다.

유아 중심을 설명하는 '경험', 또는 '흥미', '자발성'이 들어있는 문장들에서 공통되게 출현하는 단어는 '놀이'이다. 놀이는 다른 학교급과 구별되는 유아교육과정의 특징으로서, 유아

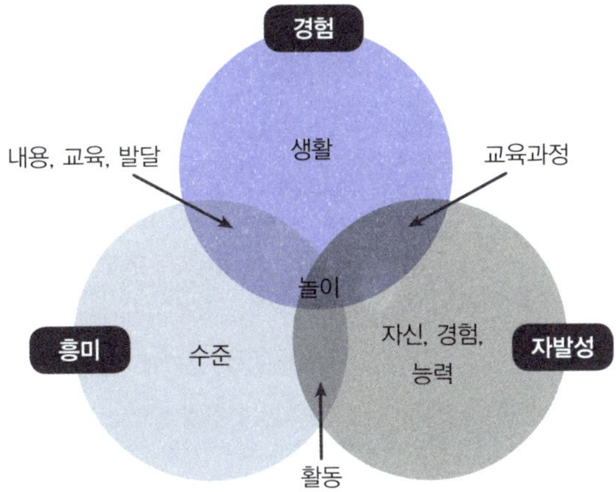

그림 1-2 '경험', '흥미', '자발성'과 연관된 단어

중심 교육과정은 '놀이 중심'과 밀접하게 연결된다는 것을 알 수 있다. '놀이'와 관련된 내용은 다음 절에서 구체적으로 살펴보고자 하며, 본 절에서는 놀이를 제외하고 '경험'을 포함한 문장과 '흥미'를 포함한 문장에서 공통되게 제시되는 단어, '경험'과 '자발성'의 문장, '흥미'와 '자발성'의 문장에서 공통되게 출현하는 단어들을 살펴보고 그 의미를 해석하고자 한다.

첫째, '경험'에 대한 문장과 '흥미'에 대한 문장에서 공통적으로 출현하는 단어는 '내용, 교육, 발달'이다. 표 1-2 에서 볼 수 있듯이 유아 중심 교육과정에서 유아의 '경험'과 '흥미'는 교육내용 선정의 근거임을 제시하는 것이다. 또한, 유아의 발달을 위해 경험 및 흥미에 기초한 활동의 제공을 강조하는 것, 유아의 경험과 흥미는 개별 유아들의 사전경험 및 지식에 따라 차이가 있으므로 개별 유아의 발달 수준을 고려해야 함을 강조하는 것으로 해석할 수 있다.

표 1-2 유아 중심 교육과정에서의 경험과 흥미

시기	내용
제4차	• 구체적인 교육내용의 선정 시 유아들이 주변에서 친숙하고 흥미를 끌 수 있는 동기 유발의 원칙, 유아들의 발달 수준 및 능력에 알맞고 유아 교육기관에서 실천할 수 있는 가능성의 원칙을 지켜야 하며, 그 외에도 계절적 특성이나 특별활동 및 행사와의 연관성 등을 고려하여 교육내용을 선정해야 한다. (제4차 유치원 교육과정 운영 지침, 해설서 31쪽) • 교육활동은 유아의 발달 수준과 흥미를 고려하여 선정하고, 통합적으로 운영한다. (제4차 유치원 교육과정 편성 · 운영의 기본 지침, 고시문 5쪽)
제5차	• 유아들이 가정에서 경험하는 다양한 생활 체험과 유아들이 유치원에서 경험하는 모든 것을 중심으로 교육내용을 선정하였다. (제5차 유치원 교육과정 특성, 해설서 9쪽) • 연령에 관계없이 유아들의 관심, 흥미, 발달 수준에 따라 교육내용을 선정하여 그에 적절한 방법으로 운영하여야 한다. (제5차 유치원 교육과정 구성방침, 해설서 15쪽)
2007 개정	• 유아의 발달과 흥미를 고려하여 놀이 중심의 통합적인 교육활동을 전개한다. (2007 개정 유치원 교육과정 교수 · 학습방법 및 평가, 고시문 8쪽)
3–5세 연령별 누리과정	• 유아의 발달 특성 및 경험을 고려하여 놀이를 중심으로 편성한다. (3–5세 연령별 누리과정 편성과 운영, 해설서 22쪽)
2019 개정 누리과정	• 3～5세 유아가 경험해야 할 내용으로 구성한다. (2019 개정 누리과정 구성방향, 해설서 37쪽)

유아교육과정 이론에 지대한 영향을 준 듀이에 따르면, 유아의 성장 수준, 이해 정도, 정서적 상태 등 발달을 고려하는 것이 교육의 시작점이 되어야 한다.[9] 이와 더불어 유아의 흥미와 경험에서부터 교육이 시작되고, 기존의 유아가 가지고 있는 지식체계와 언제, 어떻게 교육과정을 연결 지을 것인지가 매우 중요하다.[10] 유아의 흥미는 유아교육기관에서 활동 혹은 교육을 유지시키고, 지속하며 확장시킬 수 있는 수단이며,[11] 유아가 교육내용에 관심을 가지고 자발적으로 참여하게

하는 교육의 핵심 요소이다.[12]

듀이가 주장하는 흥미는 '앞으로 할 경험을 향해 보이는 태도'이며 '활동의 에너지'로서, 목적이 없는 충동으로 외적으로 불려 일으켜지는 단순한 감각적 흥분 상태와는 다르다.[13] 듀이는 진정한 교육이 이루어지기 위해서는 유아가 사물이나 사건에 대해서 처음 보이는 '단순한 흥미(충동적 흥미)'가 반드시 정련되고 심화되어 '중재된 흥미(mediated interest)'로 변화되어야 한다고 보았다. 유아가 나타내는 현재 흥미에 호소만 하는 것은 앞으로 성장하도록 흥미를 지도하지 않은 채 유아를 무의미하게 자극하는 데 그칠 뿐이다. 이에 대해 이원영(2007)은 유아교육자들이 듀이의 흥미이론을 오해하여 '단순한 흥미'가 '중재된 흥미'로 바뀌어야 한다는 개념을 명확히 설명하지 않아 단순히 유아의 흥미가 중요하다는 '오해'를 가져왔다고 지적한 바 있다.[14]

또한, 경험에 대하여도 듀이는 후속하는 경험의 성장을 촉진시키는지 아니면 방해하는지, 경험의 질적 가치에 따라 교육적 경험과 비교육적 경험을 구분하였다. 교육적 경험은 계속성의 원리와 상호작용의 원리를 지닌다.[15] 교육적 경험은 객관적 세계와 아동의 주관적인 내면이 상호작용하면서 아동의 성장을 이끌어야 하고, 이 경험은 앞으로 아동이 계속해서 배움을 선택할 수 있도록 하는 좋은 경험이어야 한다.

이런 점에 근거할 때, 국가수준 교육과정에서 중요하게 간주하는 경험과 흥미에 대한 구체적인 논의가 필요하다. 예컨대, 국가수준 교육과정에서 제시하는 '흥미'의 의미는 무엇인가? 일차적인 '단순한 흥미'에 그치는 것인가 아니면 '중재된 흥미'를 뜻하는 것인가? 교육과정에서 강조하는 유아의 경험이란 어떤 성격을 가져야 하는가? 유아의 경험과 배움의 관계는 무엇인가? 이러한 경험과 흥미 개념에 대한 활발한 논의와 교육적 함의를 찾는 노력이 유아의 경험 및 흥미에서 시작하

표 1-3 유아 중심 교육과정에서의 흥미와 자발성

시 기	내 용
제2차	• 학습활동 유형은 놀이 중심으로 유아의 흥미를 지속시킬 수 있어야 한다. (제2차 유치원 교육과정 운영지침, 고시문 8쪽) • 학습활동 유형은 주입식을 지양하고 다양한 산 경험을 유아 스스로 쌓아 나갈 수 있도록 유도하는 것이어야 한다. (제2차 유치원 교육과정 운영지침, 고시문 8쪽) • 유아의 흥미 중심, 산 경험 중심, 자발적 발견을 강조하는 유아 중심 교육관 (제4차 유치원 교육과정 유치원 교육과정의 변천, 해설서 16쪽)
제3차	• 아동의 흥미를 자연스럽게 지속시켜, 상상력, 창의력, 탐구적 사고력이 충분히 발휘될 수 있는 놀이활동을 중시한다. (제3차 유치원 교육과정 운영지침(지도), 고시문 4쪽)
제4차	• 다양한 활동으로 유아의 흥미를 자연스럽게 지속시켜, 상상력, 창의력, 탐구력 및 문제해결력이 충분히 신장될 수 있도록 한다. (제4차 유치원 교육과정 운영지침(지도), 고시문 8쪽) • 유아가 구체적 사물을 통하여 직접 경험하고 조작할 수 있을 때 유아는 좀 더 활동에 흥미를 가지고 참여하며 물리적 · 사회적 상호작용이 활발히 이루어진다. (제4차 유치원 교육과정 운영지침(계획), 해설서 32쪽)
제6차	• 교수 · 학습방법이 유아의 흥미와 활동의 특성에 적합한지를 평가한다. (제6차 유치원 교육과정 편성 · 운영 지침, 고시문 8쪽)
2007 개정	• 유아 스스로 활동을 계획하여 실행하는 유아 주도적인 활동이 유아를 활동에 능동적으로 참여하고 몰두하게 할 수 있다. (2007 개정 유치원 교육과정 교수 · 학습 방법 및 평가, 해설서 78쪽) • 놀이는 유아가 흥미를 갖고 자발적이고 지속적으로 활동에 참여하는 맥락이 된다. (2007 개정 유치원 교육과정 교육과정 편성 운영, 해설서 67쪽)
3–5세 연령별 누리과정	• 유아의 흥미를 중심으로 활동을 선택하고 지속할 수 있도록 한다. (3–5세 연령별 누리과정 편성과 운영, 고시문 4쪽)
2019 개정 누리과정	• 개정 누리과정에서는 유아가 자신의 흥미와 관심에 따라 자유롭게 참여하고 주도하는 놀이를 강조한다. (2019 개정 누리과정 누리과정의 운영, 해설서 44쪽)

고 발달에 적합한 유아교육과정을 가능하게 할 것이다.

둘째, '흥미'에 대한 문장과 '자발성'에 대한 문장에서 공통되게 언급되는 단어는 '활동'이다. 이는 표 1-3 에서 알 수 있듯이, 유아 중심 교육과정에서 '흥미'와 '자발성'은 교육기관에서 활동을 유지시키는 원동력이 된다.

양옥승(2005)[16]은 유아 중심 교육과정의 또 다른 표현이라 할 수 있는 것이 '활동 중심 교육과정'이고 유아교육의 근간이 되어왔다고 하였다. 다른 학교급과 달리 '수업지도안'이나 '수업계획서'라는 명칭 대신에 '활동계획안'이라는 용어를 사용하는 점도 활동을 중시하는 유아교육과정의 특성을 잘 나타낸다. 활동 중심 교육과정은 유아의 '흥미', '충동', '주도성', '자유'가 교육과정 구성의 핵심이 된다.[17] 그러므로 교육과정 문서에서 활동에 관해 기술할 때, 유아의 '흥미'와 '자발성(주도성 포함)'이 활동과 함께 언급되는 것으로 해석할 수 있다.

유아 중심에서의 자발성은 흥미와 더불어 유아가 스스로 놀이를 시작하고 확장시키는 것으로(2007 개정 유치원 교육과정 해설서, 77쪽)[18] 유아의 학습과 경험을 의미 있게 이끄는 주요한 매개 역할을 하면서(3–5세 연령별 누리과정 해설서, 33쪽),[19] 활동에 몰입할 수 있는 힘이 된다. 그런 의미에서 주도성이란 유아가 과제를 선택하여 끝까지 수행하는 기술을 의미[20]하며, 유아는 주도적인 활동을 통해 자신이 얼마나 생산적인 존재인지를 인식하게 된다. 따라서 유아는 자율성이나 주도성이 높은 활동에 보다 능동적으로 참여하고 몰두할 수 있게 된다.[21]

듀이는 교수 · 학습의 원리 중 하나로 '활동의 원리'를 제시한 바 있다.[22] 듀이에 따르면, 교사는 유아들이 초기에 흥미를 보여 능동적 즉, 자발성을 가지고 활동을 시작할 때 이 활동이 유아에게 의미를 주도록 지원해야 한다고 하였다. 유아의 '단순한 흥미'를 시작으로 한 활동을 선택하고 지속시키기 위해서는, 유아의 흥미가 '중재된 흥미'로 변화되어야 하며, 그 과정에서 교사의 적절한 지원이 필요하다. 그렇게 될 때, 유아 스스로가 주도성을 가지고 활동을 계획하고 실행할 수 있게 된다.

이숙희(2005)[23]는 유아교육기관에서의 '활동은 자연 발생적 놀이처럼 아무런 계획 없이 유아를 자유롭게 놀이하도록 놓아두는 것이 아니라 교사가 교육계획을 세우고 교육목표에 의해 체계적인 활동을 구안한 뒤, 일련의 교수 · 학습활동으로서 유아에게 제시하는 것을 말한다. 더불어 여기서 중요한 것은 유아의 입장에서 보았을 때 철저하게 놀이로서 인식되어야 한다.'(22쪽)라고 하였다. 즉, 교사는 목표를 가지고 체계적인 활동을 구안하며, 유아는 흥미에 따라 교사의 의도적 활동을 자발적으로 선택하는 것이 필요하다.

셋째, '자발성'에 대한 문장과 '경험'에 대한 문장에서 공통되게 언급되는 단어는 '교육과정'이다. 이는 교육과정 구성의 기본방향으로 유아의 경험과 자발성(주도성)을 강조하고 있음을 잘 드러내는 것이다.

표 1-4에 나타난 바와 같이 유아 중심 교육과정은 교육내용에 있어 유아의 경험을 강조하며, 교육내용과 교수방법에 있어서 유아들의 주도권을 강조하고 있다. 교육내용으로 유

표 1-4 유아 중심 교육과정에서의 자발성과 경험

시기	내용
제4차	• 유치원 교육과정 구성 시에는 유아의 모든 경험에 초점을 맞추어야 한다. (제4차 유치원 교육과정 구성의 방향, 해설서, 29쪽)
제5차	• 제5차 유치원 교육과정은 유아들이 가정에서 경험하는 다양한 생활체험과 유아들이 유치원에서 경험하는 모든 것을 중심으로 교육내용을 선정하였다. • 교육과정은 교육내용과 교수방법에 있어서 유아들의 주도권을 인정하고, 유아들이 선택하는 모든 활동을 중시하는 유아 중심의 관점에 따라 구성하였다. (제5차 유치원 교육과정 특성, 해설서 9쪽)
제6차	• 현행 유치원교육과정의 내용을 학문적 적합성, 유아의 생활경험, 발달의 특성 및 흥미를 중심으로 정선하고, 영역별 학습량의 최적화를 위하여 필수 학습요소를 추출하였다. (제6차 유치원 교육과정 개정의 중점, 해설서 18쪽)
2007 개정	• 유치원 교육과정은 교육내용의 조직에서는 교과 중심이 아닌 통합교육을, 교육내용의 선정 측면에서는 학문 중심이 아닌 경험 중심의 접근을 지향하고 있다. (2007 개정 유치원 교육과정 편성 · 운영 지침, 해설서 67쪽)
2019 개정 누리과정	• '놀이 중심'을 추구한다는 것은 유아가 주도하는 놀이를 중심으로 교육과정을 구성하고 운영한다는 것을 의미한다. (2019 개정 누리과정 성격, 해설서 26쪽) • 3~5세 유아가 경험해야 할 내용으로 구성한다. (2019 개정 누리과정 구성의 중점, 고시문 7쪽) • 유아는 스스로 자신이 할 수 있는 일을 하고, 하고 싶은 일을 선택하며, 자신의 선택과 결정에 대해 책임지는 경험을 하면서 자율성을 기른다. (2019 개정 누리과정 성격, 해설서 27쪽)

아의 경험을 강조하고 유아가 경험해야 할 내용으로 기술하는 것은 경험 중심 교육과정의 영향을 보여준다. 유아는 자신의 생활과 구체적으로 관련될 때 더 큰 흥미를 느끼므로 교육내용 선정에 있어 유아에게 의미가 있고 실제적인 일상생활 경험에 주목하는 것이다.

이원영(2002)은 유아 중심 교육은 유아에게 자유, 선택, 주도

권을 주는 교육[24]임을 강조하였다. 듀이의 흥미 개념과 학생 중심 교육과정의 의미를 탐색한 양은주(2003)[25] 역시 학생 중심 교육과정이란 학생의 흥미에서 나오는 자발적인 활동에서 유의미한 교육적 경험의 가능성을 찾으려 하는 것이라고 하였다. 이처럼 유아 중심 교육과정을 운영하는 데 있어 유아가 흥미를 가질 수 있는 자발적인 경험은 매우 중요하다.

듀이에 따르면 지식의 습득은 학습자의 주체적 경험으로부터 시작된다.[26] 단순히 '하는 것(doing)'은 경험이 될 수 없다. 지식이 앎이 되기 위해서는 의미를 형성하는 과정 즉, 경험으로 내재화하는 과정이 중요하다.[27] 따라서 교육내용인 지식은 교사나 다른 누군가에게 강압적으로 전달되는 것이 아니라, 유아가 유아교육기관 삶 속에서 주체적인 경험을 통해 능동적으로 구성해나가야 한다.

잠시 동안 유아들을 관찰해보자. 유아들은 새로운 지식을 얻기 위해, 오감각을 활용하여 물건을 만지거나 손을 뻗는 등의 본능적이고 충동적인 사물과의 상호작용인 주도적 활동에 의해 지식을 습득한다.[28] 유아들이 주도성을 가지는 능동적 활동을 통해 의미 있는 학습이 이뤄지기 위해서는 교육내용과 교수 · 학습방법에서 유아의 심리적 특성이 반영되어야 한다. 즉, 교육과정은 아동의 내적동기인 흥미와 필요, 아동의 현재 경험에 초점을 둔 심리적 과정을 중시한 교육과정으로 구성되어야 한다.[29]

본 절에서는 국가수준 교육과정의 고시문과 해설서에 나타나는 유아 중심 교육과정의 의미를 살펴보았다. 교육과정 문서에서 유아 중심 교육과정의 개념을 명확히 설명하고 있지 않은 관계로 유아 중심과 관련하여 빈번히 사용되는 경험, 흥미, 자발성에 기초하여 유아 중심 교육과정의 의미를 구성해 보았다. 이에 따르면, 유아 중심 교육과정은 그 출발점이 유아여야 한다. 교육의 동기를 유발할 수 있는 유아의 흥미에서 시작하여 유아가 주도권을 가지고 자발적으로 참여하는 경험들을 지속적으로 제공하는 것을 의미한다.

국가수준 교육과정이 학교에서 교육과정을 편성 · 운영하기 위한 전국 공통적이고 일반적인 기준임을 고려할 때, 교육과정에서 천명하고 있는 유아 중심 교육과정이 무엇인지가 명확해야 할 것이다. 이는 유아 중심 교육과정 구성의 핵심 요소가 무엇인지를 구체적으로 명시하는 것을 포함한다. 그래야 실제 교육과 무관한 형식적 · 선언적 개념으로 전락하지 않고 교육 현장에 모호함과 혼란을 야기하지 않을 것이다.

놀이 중심 교육과정

밀러(Miller)와 앨몬(almon)[30]은 유아교육기관의 하루 일과 중 자유놀이 시간(free play or choice time)이 30분 이하이나 전혀 놀 시간이 없고 충분한 놀잇감이 제공되지 않는 현실을 비판하며 유치원의 위기(crisis in the kindergarten)라고 표현하고 있다. 2019 개정 누리과정에서는 제1차 유치원 교육과정에서부터 강조한

'유아 · 놀이 중심 교육과정'을 재정립해야 한다고 제시하고 있다. 이는 교육현장에서 '놀이'의 본질이 퇴색한 것에 대한 반성으로서, 국가수준 유치원 교육과정에서 당연시되어온 놀이 중심 교육과정을 고찰해 볼 수 있는 기회가 될 것이다.

놀이 중심 교육과정을 살펴보기에 앞서, '놀이 중심'에 대한 교사들의 목소리[31]를 들어보자. 교사에게 '놀이 중심'은 굉장히 친숙한 단어임에도 불구하고, 놀이 중심에 대한 교사의 생각은 다양하였다. 어떤 교사들은 놀이 중심이라는 단어를 들었을 때, '자유선택활동'이라는 단어를 떠올렸고, 어떤 교사들은 놀이 중심이란 유아교육기관에서 가장 기본적인 것이기 때문에 이를 다시 단어로 재진술하는 것에 어려움을 느꼈다. 왜 교사들 또한 놀이 중심을 한마디로 정의하기 어려운 것일까?

그림 1-3 교사들이 생각하는 놀이 중심의 의미

이 글을 읽고 있는 독자들도 '놀이 중심'을 한마디로 정의 내리기는 어려울 것이다. 이는 놀이를 바라보는 시각이 연구자들마다 상이하여 한마디로 정의하기 어렵기 때문이다. 그럼에도 불구하고, 우리나라에서는 1969년 제1차 유치원 교육과정이 제정된 이후로 지속적으로 놀이를 강조하여왔다. 그러나 국가수준 유치원 교육과정에서 '놀이'를 어떻게 조작적으로 정의하며, 놀이의 어떠한 측면을 강조하고 있는지에 대해서는 명확히 제시하고 있지 않다.[32)]

따라서 국가수준 유치원 교육과정에서 '놀이'가 어떤 핵심 단어와 함께 사용되고 있는지를 살펴보는 것은 국가수준 유치원 교육과정에서 말하는 '놀이 중심 교육과정'에 대한 의미를 고찰해보는 단초가 될 것이다. 그림 1-4 는 제1차 유치원 교육

그림 1-4 단어구름을 통해 '놀이' 살펴보기

과정부터 2019 개정 누리과정까지 고시문의 총론과 해설서에서 '놀이'를 포함한 문장을 수집하여 분석한 결과를 단어구름(word cloud)으로 나타낸 것이다. 단어구름 분석방법[33]은 문서의 키워드, 개념 등을 직관적으로 파악할 수 있도록 핵심 단어를 시각적으로 돋보이게 하는 기법을 말한다. 단어구름에서는 자주 언급되는 핵심 단어일수록 글자를 중앙에 위치하고 크게 제시하여 핵심 단어를 한눈에 볼 수 있게 한다.

단어구름에서 어떠한 단어가 가장 눈에 띄는가? 가장 크게 눈에 띄는 것은 아마도 '유아', '놀이', '활동', '교사'일 것이다. 이는 놀이를 하는 주체가 바로 유아이며, 유아들의 놀이는 유치원에서 쌓기놀이, 역할놀이 등과 같은 활동으로 구현되기 때문일 것이다. 또한 교사는 유아의 놀이를 계획하거나 혹은 지원자로서의 역할을 수행하기 때문에 유아 이외에도 교사라는 단어가 자주 사용된다. 그 밖에 놀이와 관련하여 어떠한 단어가 크게 부각되어 있는가? '교육', '학습', '경험', '배움'과 같은 단어가 있다. 이는 유아교육과정에 있어서 놀이는 교육과 연결되기 때문에 놀이를 통한 학습, 경험, 배움에 대한 빈도가 높음을 추측해볼 수 있다.

앞서 언급한 바와 같이 국가수준 유치원 교육과정에서는 일관되게 '놀이 중심 교육과정'을 강조하고 있다(표 1-5 참조). 다만, 교육과정 개정 시기별로 교육과정 문서체제에서 교육과정의 기본방향(성격), 구성방향(방침, 중점), 교수 · 학습방법 또는 평가에서 놀이를 제시하고 있어, '놀이'가 제시되는 맥락에는 차이가 있다. 문서체제에서 놀이가 등장하는 위치를 통해 연속적인 궤적과 단절된 문턱을 살펴보는 것은 국가수준 유치원 교육과정에서 '놀이'를 어떠한 맥락에서 이야기하고 있는지를 탐색하는 계기가 될 것이다.

표 1-5 유치원 교육과정 고시문 문서체제에서의 놀이 위치

시기 고시문 문서체제	제1차	제2차	제3차	제4차	제5차	제6차	2007 개정	3-5세 연령별	2019 개정
교육과정의 성격	—	—	—	—			○	—	○
구성방향 · 방침 · 중점	—				○				○
편성 · 운영 (지침)		○			○	○	○	○	○
교수 · 학습 방법	○	○	○	○		○	○	○	○
평가	—	—					○		

※ 주: — 표시는 문서체제에 해당 항목 자체가 없는 것을 의미.

문서체제에서 나타나는 놀이의 연속적인 흐름을 살펴보면 다음과 같다.

첫째, 교수 · 학습방법에서 지속적으로 '놀이'가 언급되고 있다. 제1차 유치원 교육과정과 제2차 유치원 교육과정에서는 학습형태를 '생활 중심', '경험 중심', '놀이 중심'으로 명명하고 있으며, 이러한 흐름이 2019 개정 누리과정까지 반영된 것으로 볼 수 있다. 제5차 유치원 교육과정[34]에서는 교수 · 학습방법에서 놀이에 대해 언급하지 않으나, 교육과정의 구성 중점에 "놀이 중심의 교육이 이루어지도록 한다."(3쪽)라고 명시하고 있다. 이를 통해, 국가수준 유치원 교육과정에서는 유아의 놀이를 통한

교수 · 학습방법을 지속적으로 강조하고 있음을 알 수 있다.

둘째, 교육과정 편성 · 운영 중 특히 운영 부분에서 '놀이'가 지속적으로 강조되고 있다. 제5차, 제6차 유치원 교육과정의 고시문 총론에서는 "교육활동은 놀이 중심으로 운영하고, 이에 필요한 다양한 놀잇감을 준비하도록 한다."[35][36]라고 명시하고 있다. 또한 2007 개정 유치원 교육과정 해설서에서는 "유아교육의 정체성을 대표하는 표현은 놀이 중심의 통합적인 교육과정 운영이다."(76쪽)[37]라고 제시하고 있다. 이는 유아교육기관에서 교육과정을 운영함에 있어 다른 학교급과 구분되는 특성 중 하나가 '놀이'를 통한 통합적 교육과정 운영이기 때문이다.

다음으로, 유치원 교육과정 개정 시기별로 차이를 보이는 단절된 문턱은 다음과 같다.

첫째, 교육과정의 성격 부분에서 단절된 문턱을 볼 수 있다. 교육과정의 성격은 국가수준 교육과정의 구성체계를 확립하는 출발점으로써, 국가가 지향하는 교육의 기본방향과 비전을 제시하는 역할을 한다.[38] 문서체제에서 교육과정의 성격이 처음 등장한 것은 제5차 유치원 교육과정이며, 제5차 유치원 교육과정에서는 유치원 교육과정의 법적 근거만을 제시하였다. 이후 제6차 유치원 교육과정부터 교육과정의 성격 부분에 법적 근거와 유치원 교육과정의 특징을 제시하기 시작하였다. 그러나 제6차 유치원 교육과정에서는 교육과정의 성격에 '놀이'에 대한 언급이 없으며, 2007 개정 유치원 교육과정에서부터 2019 개정 누리과정까지 교육과정 성격에 '놀이'를 언급하고 있다. 2007 개정 유치원 교육과정에서는 "유아의 일상생활과 놀이 속에서 통합적으로 실현해가는 교육과정이다."(2쪽)라고 밝히며 놀이를 통한 통합교육과정에 대해 명시하고 있다. 2019 개정 누리과정에서는 국가수준의 공통교육과정으로서의 성격을 명시하며, 그중 하나로 "유아 중심과 놀이 중심을 추구한다."(4쪽)라고 명시하고 있다. 교육과정의 성격에서 '놀이 중심'을 제시하는 것은 그 당시 국가수준 유치원 교육과정의 기본방향과 비전을 확인하는 것으로, 제5차, 제6차에서는 교육과정의 성격에 유아교육과정의 특징인 놀이 중심이 드러나지 않아 단절된 문턱이 발생하였다.

둘째, 구성 중점과 구성 방향에서도 단절된 문턱이 발생하였다. 구성 중점과 구성 방향은 교육과정을 개정할 때 중요하게 고려하는 점으로, 당시 교육과정의 강조점에 따라 '놀이 중심'이 드러나기도 하고 드러나지 않기도 하였다. 문서체제에서 제2차 유치원 교육과정부터 구성 방향(구성 중점) 등이 명시되었으나, '놀이'가 구성 방향에 직접적으로 언급되기 시작한 것은 제5차 유치원 교육과정부터이다. 제2차부터 제4차 유치원 교육과정의 문서체제의 구성방향에는 교육과정 개정 시기의 시대적 배경(예: 제4차 유치원 교육과정–고도 산업화, 정보화 시대), 타 학교급을 아우르는 학교 교육의 교육목적, 추구하는 인간상에 중점을 두고 기술되고 있어 유아 중심의 특징인 '놀이 중심'에 대해서는 제시되지 않는다.

제5차 유치원 교육과정에서 처음으로 구성 중점에 놀이가 제시되었다. 이는 제5차 유치원 교육과정 해설서[39)]에서 밝히듯, 교육과정 구성의 중점은 '유치원 교육과정을 구성하는 이론적 근거'(16쪽)이기 때문이다. 제5차 유치원 교육과정에서는 구성 중점에서 놀이 중심의 교육과정을 전개하도록 명시하고 있다. 또한 제5차 유치원 교육과정 해설서에서는 '유치원은 국민학교나 중 · 고등학교와 현저하게 달라서 놀이 중심의 교육이 이뤄진다. 즉, 유아는 놀면서 학습하는 특성이 있으므로, 유치원에서 다양한 놀잇감을 제공함으로써 놀이 중심의 교육이 이루어지도록 해야 한다.'(18쪽)[40]고 설명하고 있다.

2007 개정 유치원 교육과정과 3-5세 연령별 누리과정에서는 구성 중점(혹은 구성 방향)에서 놀이를 강조하지 않으나, 제5차에서 제시하고 있는 이론적 근거가 지속적으로 교육과정에 반영되고 있음을 유추해 볼 수 있다. 2019 개정 누리과정에서는 교육과정의 성격부터 교수 · 학습방법까지 놀이를 강조하고 있다. 이는 2019 개정 누리과정[41]의 개정 취지와도 연결된다. 2019 개정 누리과정 해설서[42]에서는 '미래 사회에 부응하는 새로운 교육과정 즉, 새로운 시대의 요구에 따라 교육내용을 간략화하고 유아가 주도하는 놀이를 통해 배움이 구현될 수 있도록 유아 · 놀이 중심 교육과정 재정립'(12쪽)을 추구하고 있기 때문에 구성 방향을 비롯한 문서체제 전반에서 놀이가 강조됨을 알 수 있다.

셋째, 교육과정 평가에서 단절된 문턱을 볼 수 있다. 제3차 유치원 교육과정에서 처음으로 평가에 대한 지침이 제시되었으나, 이 시기에는 놀이와 관련하여 평가가 언급되지 않았다. 2007 개정 유치원 교육과정에서 '놀이와 평가'의 관련성이 언급되었으며, 3-5세 연령별 누리과정과 2019 개정 누리과정에서는 놀이와 평가가 직접적으로 언급되어 있지 않다. 고시문

만을 보면 국가수준 교육과정에서 '놀이와 평가'가 밀접한 관련을 가지지 않은 것으로 해석할 수 있다.

다만 교육과정 해설서에서는 고시문보다 이른 제4차 유치원 교육과정부터 2019 개정 누리과정까지 '평가'를 '놀이'와 연결하여 설명하고 있다. 예를 들어, 제4차 유치원 교육과정 해설서[43]에서는 '유치원에서의 활동이 흥미영역별로 이루어지므로 과학영역, 적목놀이영역, 극화놀이영역, 물놀이영역, 모래놀이영역, 조작놀이영역 등으로 나누어서 유아가 선택하는 활동의 종류와 지속시간, 가장 흥미 있어 하는 영역과 활동을 수집한다.'(110쪽)고 제시하고 있다. 이는 제4차 유치원 교육과정 개정의 기본 방향 중 하나가 '평가활동의 정상화'이며, 유아교육과정은 놀이(또는 활동)로 이뤄지기 때문에 유치원 교육과정의 평가를 위해 흥미영역에서 유아가 선택하는 활동의 종류, 지속시간 등을 수집하도록 명시하고 있다.

유치원 교육과정 문서체제에서 '놀이'의 위치를 살펴본 결과, 교수 · 학습과 운영에 있어 놀이가 연속성을 가지고 지속적으로 언급되고 있었다. 또한 교육과정이 개정 · 고시된 배경 혹은 문서체제의 상이함으로 인해 단절된 턱이 발견되기도 하였다. 그러나 유치원 교육과정에 있어 놀이는 제1차 유치원 교육과정부터 2019 개정 누리과정까지 지속적으로 중요한 위치를 차지하며, 교육을 목적으로 하는 유치원 교육과정에서 놀이는 학습을 위한 중요한 매개체임을 확인할 수 있었다. 따라서 유치원 교육과정에서 놀이와 학습을 어떻게 바라보고 있는지 살펴보고자 한다.

놀이와 학습

놀이와 학습에 대해 살펴보기에 앞서, 놀이와 유사한 의미로 사용되고 있는 놀이와 활동에 대해 생각해보자. 국외 검색 엔진인 google에서 놀이(play)를 검색하면, play와 activity를 동시에 제시한다. 표준국어대사전[44]에서 '놀이는 여러 사람이 모여서 즐겁게 노는 일, 또는 그런 활동'이라고 정의하고 있다. 이렇듯 일반적으로 놀이와 활동은 일상에서 별도의 구분 없이 사용되고 있다.

그렇다면 교육이라는 렌즈를 통해 놀이와 활동을 보았을 때는 어떠한가? 제1차 유치원 교육과정부터 3-5세 연령별 누리과정까지 '놀이'와 '활동'이라는 단어를 구분 없이 혼용하여 사용하고 있다. 고시문과 해설서 내용에 기초하여 의미를 생각해보면, 활동은 놀이와 학습을 포함한 보다 광범위한 범위로 해석할 수 있다.

> 유아는 발달 특성상 …(중략)… 생활 속에서 사물을 직접 다루는 **놀이활동**을 통해 가장 잘 배우므로 유아가 흥미를 가지고 자발적이고 지속적으로 참여하는 **놀이** 중심의 교육 · 보육**활동**을 편성한다.
>
> (3-5세 연령별 누리과정 해설서, 22쪽)

한편 2019 개정 누리과정에서는 교수 · 학습에서 '놀이'와 '활동'을 구분하여 기술하고 있다. 2019 개정 누리과정 해설서에서는 '교사가 놀이보다는 활동을 통해 지식을 가르치는 것에 집중한다는 반성이 이루어지기도 하였다.'(17쪽)라고 밝히며 유아가 보다 주도성을 갖는 것을 '놀이', 교사가 주도권을 갖는 것을 '활동'으로 구분하여 제시하고 있다. 이는 와식(Wasik)과 본드(Bond), 그리고 하인드먼(Hindman)이 유아가 더 많은 주도권을 갖는 것을 '놀이', 성인이 주도권을 더 갖는 것을 '활동'으로 구분하여 제시하는 것과 유사하다.[45]

> 유아가 다양한 놀이와 활동을 경험할 수 있도록 실내외 환경을 구성한다.
>
> (2019 개정 누리과정 고시문, 8쪽)

2019 개정 누리과정에서는 주도성을 기준으로 하여 '놀이'와 '활동'을 구분하여 제시하고 있음에도 불구하고, 아래에 제시된 바와 같이 활동의 정의를 보면, 활동과 놀이의 구분이 모호하다.

> 활동은 유아가 놀이를 통한 배움을 확장해 나갈 수 있도록 돕는 교사의 지원이다.
>
> (2019 개정 누리과정 해설서, 41쪽)

2019 개정 누리과정에서는 유아의 주도성을 기준으로 '놀이'와 '활동'을 구분하나, 일반적으로 유치원 교육과정에서 놀이는 활동과 유사한 용어로 사용되어왔다. 따라서 본 절에서는 놀이와 학습의 관계에서는 놀이와 활동을 구분하기보다는 국가수준 유치원 교육과정에서 놀이(활동)(이하 놀이)와 학습을 어떻게 바라보고 있는지 탐색해보고자 한다.

놀이와 학습의 관련성을 탐색하기 위해 위즈네스키(Wisneski)와 동료들(2012)[46]이 제시한 교육과정에서의 3가지 놀이 접근법을 알아보자. 교육과정에서의 놀이는 첫째, 유아의 놀이성(playfulness)을 존중하여 교사의 개입을 최소화하려는 접근법(Trust-in-play)을 말한다. 교사는 유아 선택을 지지하기 위해 놀잇감 제공의 역할을 주로 수행하고, 놀이과정을 방해하지 않도록 최소한의 개입을 해야 함을 의미한다. 이는 'Hands-off 접근법'인 비개입의 놀이접근 방법과 유사하다. 둘째, 교사가 놀이를 촉진하는 역할을 하는 접근법(Facilitate-play-approach)이 있다. 교사는 유아의 놀이 활동을 촉진하기 위해 적절한 안내를 제공한다. 예를 들어, 가작화 놀이(pretend play)의 촉진을 위해 교사는 소품 등 가작화 놀이가 일어날 수 있는 교육환경을 제공하며, 나아가 유아들이 가작화에 필요한 언어와 행동을 할 수 있도록 상호작용 해준다. 셋째, 놀이를 통한 교수·학습방법(Learn-and-teach-through play approach)을 말한다. 놀이를 통한 교수·학습방법은 촉진자의 역할과 비교하였을 때, 교사가 계획한 학습목표를 달성하기 위해 놀이를 활용하는 것을 말한다. 예를 들어, 유아들이 역할놀이 시간에 피자 만들기를 하면서 수의 부분과 전체의 개념의 이해를 돕기 위해 교사가 "새우가 4마리가 있는데, 어떤 재료를 하나 더 올리면 5가 될까?" 등의 상호작용을 하며 개입하는 것을 말한다.

위의 3가지 접근법에 기초하여 유치원 교육과정에서 '놀이와 학습'의 의미를 살펴보면, 제1차 유치원 교육과정부터 2019 개정 누리과정에 이르기까지 '놀이와 학습'은 교사가 '놀이를 촉진하는 역할을 하는 접근법'과 '놀이를 통한 교수 · 학습방법'을 제공하는 두 가지 접근법을 동시에 사용하였다. 제1차 유치원 교육과정에서부터 학습활동 유형 중 하나로 '놀이'를 제시하며, 교수 · 학습 부분에서 놀이를 지속적으로 강조하는 것을 보면, 학습에 있어서 놀이가 중요한 역할을 함을 알 수 있다.

> 학습활동 유형은 놀이를 중심으로 유아의 흥미를 지속시킬 수 있어야 한다.
>
> (제2차 유치원 교육과정 고시문, 8쪽)

국가수준 유치원 교육과정에서는 유아가 가지고 태어난 놀이성을 존중하여 유아에게 최소한의 개입만을 하는 접근법을 의미하는 것이 아니다. 교사가 의도를 가진 학습활동 속에서 유아는 자신에게 적합한 활동을 선택하고 그 활동 속에서 얻은 개념을 자유놀이를 통하여 실험해 보고 탐구해 보는 것을 의미한다.[47] 동일한 맥락에서 이경화(2019)는 국가수준 교육과정 고시문을 구체화하여 설명하고 예시하고 있는 해설서, 지침서, 지도서와 같은 교단지원 자료에서 놀이를 어떻게 정의 내리는지를 살펴본 결과, 3–5세 연령별 누리과정의 해설서, 지침서, 지도서에서 놀이는 교수 · 학습활동 중심이라고 보았다.[48]

> 유아 놀이는 학습 그 자체라고 볼 수 있으며 …(중략)… 놀이가 중요한 역할을 한다는 의미는 모든 것을 유아에게 맡기고 아무 계획 없이 방임하는 것을 의미하지 않는다.
>
> (제4차 유치원 교육과정 해설서, 102쪽)

2019 개정 누리과정은 학습이라는 용어 대신 '배움'이라는 용어를 사용하나 '학습'과 '배움'을 구분하여 정의하지 않는다. 즉, 놀이를 통한 학습 혹은 놀이를 통한 배움은 같은 맥락으로 이해될 수 있다. 2019 개정 누리과정에서 제시하는 교사의 역할을 살펴보면, 교사를 유아의 놀이 지원자로 제안하고 있다.[49] 즉, 교사는 환경을 적절하게 구성하고, 바람직한 상호작용을 하여 유아가 놀이에 몰입하고 놀이를 확장하도록 돕는 역할을 하도록 제시하고 있다. 교사, 원장(감)은 유아의 관심과 흥미 및 놀이에 대한 이해를 바탕으로 유아의 놀이를 지원하는 교육과정의 주체로서, 유아가 도움이 필요한 순간에 유아의 놀이를 촉진하는 역할과 놀이를 통한 교수 · 학습방법 모두를 강조하고 있다. 임부연과 손연주(2019)[50]는 놀이와 배움의 관계를 '놀이~배움'으로 제시하며, 놀이와 배움이 선형적이거나 분리되는 것이 아니라 놀이와 배움은 서로 끊임없이 이어지며, 얽혀 있는 관계라고 보았다. 이처럼 유치원 교육과정에서 놀이와 학습은 서로 끊임없이 연결됨을 알 수 있다.

밀러(Miller)와 앨몬(Almon)은 교사의 개입과 유아의 놀이 주도성 간의 관계[51]에 따라 ① 이상적, ② 교사 주도적, ③ 놀잇감 의존, ④ 자유방임의 4가지 형태를 제시하였다. 유치원 교육과정에서 추구하는 놀이와 학습의 관계는 밀러와 앨몬이 이야기한 이상적 형태와 유사하다. 즉, 교사가 높은 자율성을 가지고 상황에 따라 활동에 적절히 개입하며, 유아는 자신의 활동에 주도적으로 참여하는 것이 필요하다. 유치원 교육과정에서 제시하고 있는 '놀이를 통한 학습'은 놀이의 본질적 특징인 '비

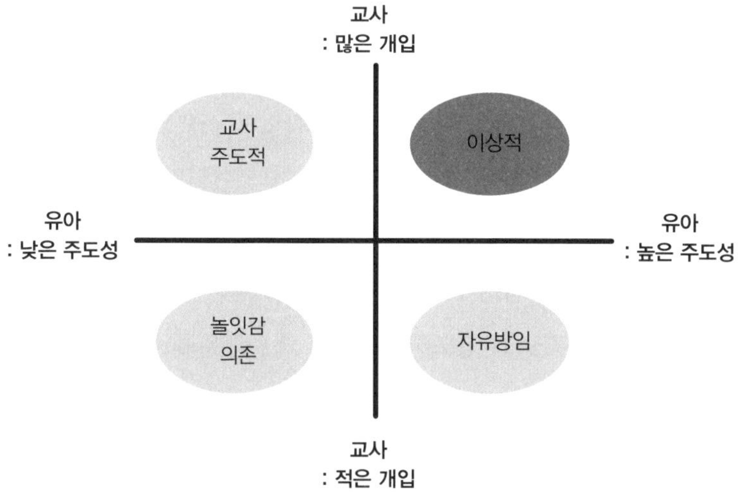

그림 1-5 교사의 개입과 유아 주도성과의 관계
※ 주: Miller, E., & Almon, J. (2009). *Crisis in the kindergarten: Why children need to play in school*, 52쪽에서 발췌.

실제성', '내적동기화', '과정 지향성', '자유–선택', '긍정정서'를 가지는 놀이를 통해 학습하는 것을 말한다.

유치원 교육과정에서 제안하는 놀이와 학습의 관계가 구현되기 위해서는 기본적으로 놀이할 수 있는 교육환경과 놀 시간의 보장이 중요하다. 따라서 유치원 교육과정에서 놀이환경과 놀이시간에 대해 어떻게 명시하고 있는지를 살펴보자.

먼저, 유치원 교육과정에서는 유아의 놀이를 지원하기 위한 교육환경, 놀잇감 제공 등을 강조하고 있다. 예를 들어, 제2차 유치원 교육과정에서는 '유치원은 교육과정의 내실을 기할 수 있도록 교정을 교재화, 놀이터화하고 시설과 설비, 교재와 교구 등을 확보한다.'(8쪽)라고 제시하여 유치원의 공간 자체를 놀 수 있는 공간으로 구성하도록 명시하고 있다. 또한, 제5차 유치원 교육과정 해설서[52]에는 '흥미영역 구성과 놀잇감의 제공을 교육과정 운영의 기본 지침의 하나로 하여, 놀이를 통한 학습을 중시한다.'(18쪽)고 밝히며 놀이가 구현되기 위한 흥미영역 구성 및 놀잇감 제공을 강조하고 있다.

다음으로, 국가수준 유치원 교육과정에서는 놀이실행을 위한 놀이시간 확보를 강조하고 있다. 제1차 유치원 교육과정[53]에서는 '충분한 시간과 자료를 주어 재미있게 놀게 하는 가운데서…(후략)…'(14쪽)라고 명시하고 있다. 이는 놀이 중심의 교육이 이뤄지기 위해서는 기본적으로 충분히 놀이할 시간이 확보되는 것이 중요하기 때문이다. 제2차 유치원 교육과정부터 2007 개정 유치원 교육과정에서는 '놀이시간'에 대한 직접적인 언급은 없으나, 교육과정 운영시간을 제시하며, 교육과정 운영 시 놀이를 통한 교수 · 학습방법을 명시하고 있다(표 1-5 참조). 이를 통해 제2차 유치원 교육과정부터 2007 개정 유치원 교육과정까지 놀이시간을 강조하고 있음을 유추해볼 수 있다. 3-5세 연령별 누리과정과 2019 개정 누리과정의 교육과정 문서에 놀이시간에 대해 구체적으로 명시하고 있다.

> 3일 4~5시간을 기준으로 **편성한다**. 만 3, 4, 5세 유아의 발달 수준과 학습 특성을 고려하여 교육 · 보육의 내용과 시간을 적절히 조절하며, **신체운동을 위한 1일 1시간 이상의 바깥놀이(대근육활동시간 포함)시간을 반드시 확보**
>
> …(후략)…
>
> (3-5세 연령별 누리과정 해설서, 23쪽)

> 하루 일과에서 바깥놀이를 포함하여 유아의 놀이가 충분히 이루어지도록 편성하여 운영한다.
> 교사는 바깥놀이를 포함하여 놀이시간을 2시간 이상 확보하되, 날씨와 계절, 기관의 상황, 유아의 관심사와 놀이 특성을 고려하여 융통성 있게 편성 · 운영한다. …(후략)…
>
> (2019 개정 누리과정 해설서, 41쪽)

위를 보면 3–5세 연령별 누리과정에서는 바깥놀이 시간의 1일 1시간 이상의 확보, 2019 개정 누리과정에서는 바깥놀이 시간 등을 포함하여 놀이시간 2시간 이상 확보를 의무규정화 하고 있다. 표면적으로 보기에는 3–5세 연령별 누리과정에 비해 2019 개정 누리과정에서 놀이시간을 더 강화하는 것으로 보인다. 그러나 교육부에서 고시한 제4주기 유치원 평가지표를 살펴볼 때, 3–5세 연령별 누리과정에서는 '매일 1시간 이상의 실내 자유선택활동을 하도록 명시'하고 있어, 2019 개정 누리과정과 동일하게 최소한 2시간 이상의 놀이시간을 의무규정화하고 있다.

그렇다면, 3–5세 연령별 누리과정부터 유치원 교육과정에 놀이시간과 관련된 의무규정을 명시하는 이유는 무엇일까? 3–5세 연령별 누리과정은 만 3~5세 유아들에게 교육 · 보육과정이 통합된 교육과정으로서, 국가수준의 책무성을 더욱 강조하고 있다. 또한 유아교육에서 항상 놀이가 강조되어 왔으나 표준, 평가, 책무성 등을 강조함에 따라 유아교육기관에서 놀이가 감소하거나 수학, 언어 등의 인지학습에 초점을 맞추는 양상으로 변화하고 있음에 대한 비판[54]의 목소리와 유아의 '자유선택놀이', '바깥놀이' 등과 같은 놀이할 충분한 시간이 마련되지 않는다는 연구결과[55] 등에 기초한 것으로 해석될 수 있다.

종합해보면, 우리나라 유치원 교육과정은 놀이를 유아의 학습을 위한 매개체로 간주한다. 또한, 놀이와 학습에 있어서 놀이를 통한 학습과 놀이의 교수 · 학습 측면을 강조하고 있다. 이는 목적지향적인 유치원 교육과정은 공적으로 제도화된 교육으로서 교육은 모종의 의도를 가지고 진행되며, 여기에는 계획적인 목적의 설정을 전제로 하고 있다[56]는 점과 연결된다. 유치원 교육과정에서 바라보는 놀이는 유아들이 자유롭게 놀이하는 가운데 놀이를 통한 학습이 이뤄지는 교육목적을 가지고 있으며, 놀이가 교육현장에서 실현되기 위해 놀이시간에 대한 의무규정을 마련하고 있다.

자유놀이*

유아교육기관에서 '놀이'가 가장 잘 드러나는 시간은 자유놀이(자유선택활동)시간일 것이다. 자유놀이는 유아교육과정의 역사적이고 문화적인 이미지를 잘 나타내는 교육활동이며, 유치원의 하루 일과 중에서도 가장 핵심적인 시간이다. 교사를 대상으로 한 '자유선택활동' 은유분석[57]에서도 자유선택활동의 중요성에 대한 교사의 목소리가 드러나 있다.

* 본 절에서 자유놀이와 자유선택활동은 동일한 의미로 혼용하여 사용함

- 유치원의 꽃 : 유아 발현적 교육을 지향하고 유아교육의 본질이기 때문에 가장 중요하고 아름다운 꽃이기 때문이다.
- 유아교육의 꽃 : 유아교육에서 가장 핵심적이고 유아 중심의 교육 목적, 내용, 결과를 포함하고 있기 때문이다. 유아가 선택하고 계획하며 놀이를 통해 다른 유아들과 협력하고 조절하는 능력을 키우는 유아교육에서 중점 활동이기 때문이다.
- 유치원 활동의 핵심 : 유아들이 가장 자율적이고 능동적으로 행동할 수 있으면서 동시에 그들의 선택이 존중받는 핵심적인 시간이기 때문이다.

이처럼 자유놀이는 놀이 중심 교육을 실천할 수 있는 시간과 공간이며,[58] 유아에게 자유선택의 기회를 최대한 주어 놀이를 선택하는 방법을 길러준다.[59][60] 일반적으로 자유선택활동(혹은 자유놀이)은 유아가 자유의지, 흥미(관심), 요구(필요)에 따라 자발적으로 놀이를 선택하여 활동하는 것을 의미한다.[61] 유치원에서의 자유선택활동은 대개 분리대나 교구장을 사용하여 구분한 놀이 공간인 흥미영역에서 이루어진다. 김희진(2017)[62]은 교육 관련 전공서, 표준보육과정, 유치원 교육과정에서 자유선택활동과 자유놀이가 혼용되어 사용된다고 밝히고 있다. 따라서 놀이 중심 교육과정을 대표하는 자유놀이(혹은 자유선택활동)와 흥미영역이 유치원 교육과정에서는 어떠한 의미로 제시되고 있는지를 살펴봄으로써, 국가수준 유치원 교육과정에서 자유놀이의 의미에 대해 탐색해보고자 한다.

표 1-6 자유놀이와 흥미영역*

시기 / 용어	제1차	제2차	제3차	제4차	제5차	제6차	2007 개정	3-5세 연령별	2019 개정
자유놀이	—	—	○	○	○	—	—	—	—
자유선택활동	—	—	—	○	○	○	○	○	○**
흥미영역	—	—	○	○	○	○	○	○	○***
흥미영역 구성 수	—	—	10개	9개	12개	11개	7개	8개	자율화

유치원 교육과정에서 자유놀이(혹은 자유선택활동)라는 용어가 사용되기 시작한 것은 제3차 유치원 교육과정부터이다. 제3차 유치원 교육과정에서는 처음으로 자유놀이라는 용어를 사용하며 흥미영역 구성에 대해 명시하였다. 이 시기 발간된 유치원 교육과정 운영 참고자료집에서는 도서영역, 음률활동영역, 조작놀이영역, 과학놀이영역, 소꿉놀이영역, 적목놀이영역, 목공놀이영역, 작업놀이영역, 물놀이영역, 모래놀이영역과 같이 10개의 영역으로 교실을 구성하도록 권장하고 있다. 그러나 제3차 유치원 교육과정에서는 흥미영역과 자유놀이에 대한 조작적 정의를 포함하지 않고 있다.

---

* 자유놀이, 자유선택활동, 흥미영역의 용어의 등장 유무를 ○, —로 표시함

** 교사가 계획한 자유선택활동과 유아의 주도성이 보장되는 자유선택활동을 구분하여 제시함

*** 유아가 주도하는 놀이가 활성화될 수 있도록 흥미영역의 운영방식을 자율화(교육부, 2019: 19)

제4차 유치원 교육과정에서는 '자유놀이'와 '자유선택활동'이라는 용어를 혼용해서 사용하고 있다. 그러나 자유놀이에서 자유선택활동으로 용어를 변경한 이유나 근거에 대해서는 제시하지 않고 있다. 다만 아래와 같이 흥미영역에 대해 정의를 내리고 있으며, 흥미영역과 유사한 용어로 '학습영역, 흥미 코너, 활동영역, 놀이영역, 학습센터' 등의 유의어를 사용하고 있다.

> 유아교육의 영역은 학습영역, 흥미 코너, 활동영역, 놀이영역, 학습센터, 흥미영역으로 불리어진다. 이러한 용어들 간에는 약간의 차이가 있으나 일반적으로 유아들의 흥미와 경험에 관련된 활동을 할 수 있는 영역의 의미를 가지고 있다.
> 흥미영역이란 가장 보편적으로 쓰이는 용어로서 유아들이 다양한 흥미와 관심 또는 경험과 관련된 활동을 할 수 있는 영역을 의미하는 용어이다.
>
> (제4차 유치원 교육과정 해설서, 105쪽)

제5차 유치원 교육과정에서도 제4차 유치원 교육과정과 동일하게 '자유놀이'와 '자유선택활동'이라는 용어를 혼용해서 사용하고 있으나, 그 의미는 큰 차이가 없다. 다만, 제5차 유치원 교육과정에서는 제4차 유치원 교육과정과 다르게 '흥미영역'이라는 일관된 용어를 사용한다. 또한, 제5차 유치원 교육과정에서는 계절, 활동내용, 유아의 흥미변화에 맞춰 흥미영역을 재구성해야 함을 강조하고 있다. 이는 흥미영역의 공간구성은 유아의 흥미, 교육내용 등 상황에 따라 융통성 있게 변화 가능하기 때문이다.

> 학기 초인 3월에는 유아들이 역할놀이 영역으로 많이 모이지만, 2학기인 9월부터는 책보기영역이나 과학영역에 많이 모이기 때문에 봄에는 역할놀이영역을 보다 넓게 하고, 가을에는 과학영역이나 책보기영역을 더 넓게 마련해주어야 한다.
>
> (제5차 유치원 교육과정 해설서, 127쪽)

제6차 유치원 교육과정부터 2019 개정 누리과정까지에서는 자유놀이라는 용어를 더 이상 사용하지 않고 자유선택활동이라는 용어를 일관되게 사용한다. 그러나 '자유놀이'와 '자유선택활동' 용어가 왜 통합되었는지에 대해서는 제시하지 않고 있다. 놀이 관련 저서 및 연구의 제목에서도 두 용어를 특정한 기준 없이 혼용해서 사용하고 있으며, 자유선택활동과 자유놀이 용어의 의미는 동일하다.

2019 개정 누리과정에서는 흥미영역 구성 및 운영에 있어 큰 변화를 가지고 왔다. 제3차 유치원 교육과정부터 3-5세 연령별 누리과정에서는 고시문 또는 해설서에서 흥미영역 구성의 예를 제시하고 있다. 그러나 2019 개정 누리과정은 '기존에 유아의 놀이를 제한했던 고정된 흥미영역의 개수, 유형, 운영방식 등을 자율적으로 개선하여 유아의 자유로운 놀이가 가능하도록 제안'[63]한다고 밝히며, 고시문과 해설서에 흥미영역의 수나 유형에 대해 명시하지 않는다.

이와 관련하여 고려해 볼 것은 제3차 유치원 교육과정부터 3-5세 연령별 누리과정까지 제시하고 있는 흥미영역 구성의 예시가 '~해야 한다'와 같은 의무규정인지 혹은 '~할 수 있다'와 같은 재량규정인지에 관한 논의이다. 홍후조(2002)[64]는 교육에서는 해서는 안 되는 일(금지규정)과 해도 되는 일과 반드시 해야 하는 일(허용규정)이 있다고 하며, 교육과정에 관한 것은 전반적으로 '허용규정'에 속한다고 보았다. 또한, 허용규정은 반드시 해야 할 '의무규정'과 해도 되는 '재량규정'으로 구분하고 있다. 유치원 교육과정의 규정과 조항을 살펴보면, 어떤 것이 '의무규정'이고 어떤 것이 권고사항인 '재량규정'인지 이를 명료하게 구분하지 않고 있다.

표 1-7 국가수준 교육과정의 금지규정과 허용규정 구분

금지규정 (~해서는 안 된다)	허용규정(~해야 한다, ~할 수 있다, ~해도 된다)	
	의무규정 (~해야 한다)	재량규정 (~할 수 있다, ~해도 된다)

※ 주: 홍후조(2002). 국가수준 교육과정 개발 패러다임의 전환. 217쪽 중 일부 수정 발췌.

제3차 유치원 교육과정부터 3-5세 연령별 누리과정까지 흥미영역 구성은 '의무규정'으로, 흥미영역의 종류와 수에 대한 부분은 '재량규정'으로 제시되어 있다. 유치원 교육과정 해설서를 살펴보면 흥미영역의 개수에 대해서는 '~등이 있다', '~구성할 수 있다'와 같이 재량규정으로 제시하여, 유아교육기관 환경과 상황에 따라 융통성 있게 변화할 수 있음을 보여준다. 그럼에도 불구하고, 흥미영역의 유형과 개수, 운영방식을 고정된 것으로 받아들였다면 재량규정과 의무규정의 차이를 잘못 해석한 것이라 할 수 있다.

> 실내에는 역할놀이영역, 쌓기놀이영역, 목공놀이영역, 물놀이영역, 책보기영역, 모래놀이영역, 언어영역, 조작놀이영역, 미술영역, 과학영역, 수영역, 음률영역 **등이 있다.**
>
> (제5차 유치원 교육과정 해설서, 127쪽)

> 교사는 실내 · 외 공간의 기능과 위치, 크기를 고려하여 쌓기놀이, 언어, 과학, 수 · 조작, 음률, 미술, 역할놀이, 모래 · 물놀이 등의 **다양한 활동이 가능하도록 흥미영역을 구성할 수 있다.**
>
> (3-5세 연령별 누리과정 해설서, 25쪽)

흥미영역과 관련된 쟁점 중 하나는 유치원 평가 기준으로 인한 흥미영역 구성의 획일화 문제이다. 그러나 실내 공간 구성과 관련된 유치원 기관평가 지침을 보면 유치원 교육과정에서 제시하는 영역의 개수를 의무적으로 준용할 필요가 없음을 알 수 있다(표 1-8 참조).

표 1-8 제4주기 유치원 평가 중 실내 공간 구성

2-1	실내 공간 구성
	교실 내 흥미영역은 유아의 연령 및 발달 특성을 고려하여 충분한 공간에 구성한다.
2-1-1	교실은 유아의 연령 및 발달 특성을 고려한 흥미영역으로 구성되어 있다. ※ 흥미영역은 유아의 연령 및 발달 특성을 고려하여 배치되어 있다. - 3-5세: 언어영역, 미술영역, 음률영역, 수 · 조작영역, 과학영역, 역할놀이영역, 쌓기놀이영역 등 **※ 교실의 공간이나 여건이 충분하지 않은 경우, 유사한 성격의 활동 또는 연계 · 확장활동이 이루어지는 흥미영역을 통합하여 구성 가능** …(후략)…

※ 주: 교육부(2017). 제4주기 유치원 평가 중앙연수 자료집, 51쪽 중 일부 발췌.

국가수준 교육과정에서 의도하는 바가 현장에서 구현되기 위해서는 교육과정 문서상의 규정사항들을 금지규정과 허용

규정(재량규정, 의무규정)으로 명확하게 구분하여 안내하는 것이 필요하다.[65] 즉, 유치원 교육과정에서는 유아교육기관의 특성 및 상황에 따라 자율적인 적용이 가능한 범위를 명료하게 제시하여 현장에서의 혼란을 최소화해야 한다.

유아교육기관의 가장 큰 특징은 자유놀이이며, 자유놀이의 특성이 구현되기 위해서는 자유로운 선택과 그에 따른 활동이 제공되어야 하며, 교사들은 유아교육기관에서 자유놀이의 본질이 구현되고 있는지를 스스로 점검해보아야 할 것이다. 이를 위해서는 유치원 교육과정에서 자유놀이의 의미에 대한 정의와 흥미영역의 구성 등에 대한 허용규정을 보다 명료하게 제시할 필요가 있다.

닫는 글

유아 · 놀이 중심 교육과정은 교육과정을 운영함에 있어 '유아'를 중심에 두며, 유아가 가진 주도성을 발휘하기 위해 놀이를 통한 학습의 가치를 실행하는 교육과정을 의미한다. 2019 개정 누리과정에서는 유아 · 놀이 중심 교육과정의 재정립을 표방하며, 교사 중심과 대립되는 의미로 유아 · 놀이 중심에 대해 설명하고 있다. 그러나 유아 · 놀이 중심 교육과정에 대한 진술은 여전히 그 의미가 모호하여 고시문을 어떻게 해석하는지에 따라 다의적으로 해석될 여지가 있다.

본 장에서는 2019 개정 누리과정이 강조하는 유아 · 놀이 중심 교육과정의 재정립을 위해서 이전 교육과정에서의 유아 · 놀이 중심 교육과정을 역사적으로 들여다보며, 그 의미를 반추해보았다. '경험, 흥미, 자발성'과 연결된 유아 중심 교육과정은 '유아의 흥미에 기초하며 유아 주도적인 놀이를 통해 다양한 경험이 제공되는 것'으로 설명될 수 있으며, 놀이 중심 교육과정은 '유아가 놀이에 있어 주도성을 가지며, 놀이를 통해 배우는 교육과정'을 의미한다고 유추해볼 수 있다.

그러나 유아 · 놀이 중심 교육과정이 교육현장에서 안착되기 위해서는 용어의 정의를 보다 명확하게 하는 것이 필요하다. 유치원 교육과정은 교육을 실행하는 유치원에서 '기준'으로 작용되기 때문에 모든 유치원은 최소한 이 문서에 기술되어 있는 내용 이상의 교육을 유아들에게 제공하기 위해 노력한다. 국가수준에서 유치원 교육과정을 개발하는 우리나라의 경우, 막대한 자본을 들여 유치원 교육과정을 개발하고, 유치원에서 국가수준에서 명시하고 있는 교육이 이루어지고 있는지를 평가하고 판단한다. 이러한 관점에서 보면 국가수준의 문서는 각 학교에서 일어나는 모든 교육을 평가하는 활동의 기준이 되기 때문에 특별히 더 잘 만들어질 필요가 있다.[66]

제1차 유치원 교육과정이 제정된 이후, 유아 · 놀이 중심 교육과정을 운영하고 있음에도 불구하고, 유아 · 놀이 중심 교육과정에 대한 의미는 명료하게 진술된 적이 없다. 이는 역설적으로 현장에서 유아 · 놀이 중심 교육과정을 실행하는 데 있어 개인이 가지고 있는 교육관, 유치원의 철학 등에 따라 유아 ·

놀이 중심 교육과정을 자의적으로 해석하게 한다. 국가가 공포하는 문서는 일반의 모든 국민 혹은 교사를 독자로 상정하고 만들어진 만큼 가독성이 중요하고, 해석의 혼란을 최소화하기 위해 최대한 간결 · 간소하면서도 이해하기 쉬운 방식으로 만들어져야 한다.[67][68]

초등학교 교육과정 문서체제의 문제점 및 개선방향에 대해 연구한 이림(2018)[69]은 우리나라 교육과정 문서에서 관용적으로 써왔던 용어들을 명료하게 제시하는 것이 필요하다고 주장하였다. 다양한 용어의 사용과 명료하지 않은 용어의 정의는 학교 현장을 혼란스럽게 할 수 있기 때문이다. 따라서 교육과정 문서의 가독성을 높이기 위해서는 명료성, 일관성, 체계성이 필요하다.[70] 명료성이란 문서에 대해 누구나 동일하게 이해하고, 한 사람이 읽을 때마다 동일하게 이해하는 정도를 말하며, 일관성은 문서의 처음부터 끝까지 기술방식이 통일되었는지, 항목 아래의 기술된 내용이 항목과 관련된 내용으로 구성되었는지의 정도를 말한다. 마지막으로 체계성은 문서의 각 항목과 그 하위내용이 분석적 · 중복적으로 기술되지 않고, 항목 간의 배치가 상호 관련성 있게 일정한 흐름을 타고 구성되었는지의 정도를 말한다. 이는 유치원 교육과정에도 동일하게 적용될 수 있을 것이다. 이를 위해서는 국외의 교육과정과 같이 주요 용어에 대한 개념설명을 명료하게 해주는 것이 필요하다. 예를 들어, 호주의 국가수준 유아교육과정에서는 교과별로 용어해설(glossary)을 제시하여, 주요 용어에 대한 개념설명을 명확하게 제시하고 있다.[71] 따라서 국가수준 유치원 교육과정에서 일반적으로 사용하고 있는 주요 용어인 놀이 · 유아 중심 교육과정에 대해 구체적인 주석을 달거나 용어 정의 페이지를 추가하여 용어를 명료화[72]함으로써 교육현장에서 수업을 실행해나가는 교사를 지원할 필요가 있다.

본 장에서는 유아 · 놀이 중심의 역사적 흐름의 분석을 통해 관용적으로 사용해왔던 '유아 · 놀이 중심 교육과정'에 대한 의미에 대해 살펴보았다. 이를 통해 유치원 교육과정에서 지속적으로 강조하고 있는 유아 · 놀이 중심 교육과정이 현장에서 잘 구현되기를 기대하는 바이다.

생각해 봅시다

1. 듀이는 "모든 경험은 경험을 하는 사람을 어떤 식으로 변화시키며, 그 변화는 우리가 원하든 원하지 않든 뒤따라오는 경험에 영향을 미칩니다."라고 이야기하였습니다. 유아교육기관에서 유아 중심 교육과정을 편성 · 운영함에 있어 과거 경험이 현재 경험에 미쳤던 사례를 생각해봅시다.

2. 교육현장에서 유아가 중심이 되고, 놀이가 살아나는 교육과정이 구현되기 위해 위즈네스키와 동료들이 이야기한 세 가지 접근법을 어떻게 적용해야 할지 이야기 나누어 봅시다.

한 번 더 읽어볼 만한 책

1. Schwartz, S. L., & Copeland, S. M. (2013). **발현적 유아교육과정과 표준의 연계** [*Connecting emergent curriculum and standards in the early childhood classroom: strengthening content and teaching practice*]. (박은혜, 신은수, 김희진, 이지현 역). 서울: 학지사.

2. Dewey, J. (2012). **아동과 교육과정 경험과 교육** [*The child and the curriculum*]. (박철홍 역). 경기: 문음사.

참고문헌

1) 교육부, 보건복지부 (2019). **2019 개정 누리과정 해설서.**

2) 국립국어원 표준국어대사전 (2020). https://stdict.korean.go.kr/search/searchView.do에서 2020년 2월 26일 인출.

3) 양옥승 (2005). 아동중심 교육과정의 의미 탐색. **유아교육연구, 25**(2), 103–117.

4) 제경숙 (1996). 아동중심교육철학과 유아교육과정. **교육이론과 실천, 6**, 57–69.

5) 김규수 (1997). 아동중심교육의 개념적 고찰 DAP에 대한 견해. **열린유아교육, 2**(2), 49–68.

6) 정선아 (2016). **통합의 시대를 향한 유아교육과정의 방향**. 한국유아교육학회 정기학술발표논문집, 2016, 55–70.

7) 김영옥 (2019). 유아 중심 관점의 국가수준 유아교육과정에 대한 사유. **유아교육연구, 39**(2), 235–253.

8) 네이버 국어사전 https://ko.dict.naver.com/#/entry/koko/df26fe7d15ea47ea9f878a5a351390a1에서 2020년 2월 3일 인출.

9) 이원영 (2007). John Dewey의 교육철학에 나타난 유아교육의 주요개념 탐구. **유아교육학논집, 11**(4), 5–27.

10) 9)와 동일

11) 나성식 (2005). John Dewey 교육론의 유아교육적 함의. **유아교육학논집, 9**(1), 103–128.

12) 권귀염 (2015). 흥미에 대한 이해와 실천: 유아교사들의 오해와 혼란, 그리고 갈등. **유아교육연구, 35**(2), 237–262.

13) Dewey. J. (2012). **아동과 교육과정경험과 교육** [*The child and the curriculum*]. (박철홍 역). 경기: 문음사.

14) 9)와 동일

15) Dewey. J. (2019). **경험과 교육** [*Experience and education*]. (엄태동 역). 서울: 박영사.

16) 3)과 동일

17) 교육부 (1998). 제6차 유치원 교육과정 해설서. 교육부 고시 제1990–10호.

18) 교육과학기술부 (2008). **2007 개정유치원 교육과정 해설서**. 교육인적자원부 고시 제2007–153호.

19) 교육과학기술부 (2013). **3–5세 연령별 누리과정 해설서**. 교육과학기술부 고시 제2012–16호.

20) 오숙현 (2003). 유아기 주도성 형성교육 탐색 연구. **열린유아교육연구, 8**(3),

227–251.

21) 20)과 동일

22) 13)과 동일

23) 이숙희 (2005). 활동중심 통합교육과정에 대한 재조명: 중앙대학교 부속유치원 교육과정 개선운동. **한국영유아보육학, 40**, 21–46.

24) 이원영 (2002). 유아교육의 철학적 역사적 의미는 무엇인가? **교육개발 5 · 6**, 20–25.

25) 양은주 (2003). 듀이의 흥미 개념과 학생중심 교육과정. **교육과정연구, 21**(1), 179–202.

26) 이윤복, 강현석 (2015). 교육과정 개발에서 듀이의 경험과 브루너의 내러티브 이론의 상생 가능성. **학습자중심교과교육연구, 15**(3), 1–19.

27) 김재건 (2004). 듀이의 경험론에 기초한 교수–학습과정의 대안 모색. **한독교육학연구, 19**(1), 1–20.

28) 이홍숙 (1990). John Dewey의 경험론에 기초한 교육과정 연구. **교육과정연구, 9**(1), 45–58.

29) 28)과 동일

30) Miller, E., & Almon, J. (2009). *Crisis in the kindergarten: Why children need to play in school*. College Park, MD: Alliance for Childhood (NJ3a).

31) 경기도교육청 (2017). **놀이 중심 교육과정 이해자료.**

32) 박선혜 (2014). 국가수준 유치원 교육과정의 텍스트 연결망 분석: 놀이 관련어를 중심으로. 이화여자대학교 박사학위논문.

33) https://terms.naver.com/entry.nhn?docId=2838488&cid=43667&categoryId=43667에서 2020년 2월 7일 인출.

34) 교육부 (1992). **제5차 유치원 교육과정.** 교육부 고시 제1992–15호.

35) 34)와 동일

36) 교육부 (1998). **제6차 유치원 교육과정.** 교육부 고시 제1998–10호.

37) 18)과 동일

38) 1)과 동일

39) 교육부 (1992). **제5차 유치원 교육과정 해설서.** 교육부 고시 제1992–15호.

40) 39)와 동일

41) 1)과 동일

42) 1)과 동일

43) 문교부 (1987). **제4차 유치원 교육과정 해설서.** 문교부 고시 제87–9호.

44) 국립국어원 표준국어대사전 (2020). https://stdict.korean.go.kr/search/searchResult.do에서 2020년 2월 7일 인출.

45) Wasik, B., Bond, M., & Hindman, A. (2002). Effective early childhood curriculum for children at risk. In O. Saracho, & B. Spodek (Eds.), *Contemporary perspectives on play in early childhood education*(pp. 63–89). Charlotte, NC:

Information Age Publishing.
46) Wisneski, D. B., & Reifel, S. (2012). The place of play in early childhood curriculum. In N. File, J. J. Mueller, & D. B. Wisneski (Eds.), *Curriculum in early childhood education*(pp. 175–187). New York, NJ: Routledge.
47) 43)과 동일.
48) 이경화 (2019). 3–5세 연령별 누리과정에 따른 정부 발행 교단자원 자료의 놀이 담론 비판. **생태유아교육연구, 18**(1), 1–25.
49) 1)과 동일
50) 임부연, 손연주 (2019). 유아교육과정의 맥락 속에서 살펴본 '놀이–배움'의 의미. **학습자중심교과교육연구, 19**(3), 265–287.
51) 30)과 동일
52) 39)와 동일
53) 문교부 (1969). **제1차 유치원 교육과정.** 문교부령 제207호.
54) Stipek (2006). No child left behind comes to preschool. *Elementary School Journal, 106*(5), 455–466.
55) 김희진 (2017). 놀이의 관점에서 본 자유선택활동에 대한 비판적 분석. **육아지원연구, 12**(3), 5–23.
56) 박창언, 정영근 (2009). 국가수준 교육과정의 교육목표에 대한 고찰. **교육과정연구, 27**(4), 1–20.
57) 송주영, 김낙흥 (2019). 은유분석을 통한 유아교사의 자유선택활동에 대한 인식. **미래유아교육학회지, 26**(4), 225–255.
58) 전지형 (2015). 자유선택활동 계획 및 실행 과정에서 경험하는 유아교사의 갈등. **생태유아교육연구, 14**(4), 203–229.
59) Petersen, E. A. (2003). *A practical guide to early childhood curriculum: linking thematic, emergent, and skill-based planning to children's outcomes*. Boston, MA: Allyn and Bacon.
60) Seefeldt, C. (2001). *Playing to learn*. Beltsville, MD: Gryphon House.
61) 양옥승, 최경애, 이혜원 (2011). **영유아교육과정.** 서울: 학지사.
62) 55)와 동일
63) 1)과 동일
64) 홍후조 (2002). 국가수준 교육과정 개발 패러다임의 전환(II): 국가 교육과정 기준 변화 관련 기본 개념 정립을 중심으로. **교육과정연구, 20**(2), 197–226.
65) 64)와 동일
66) 이림 (2015). 우리나라 국가 교육과정 문서에 기준이랑 용어의 용례 분석과 개선 방향 탐색. **한국교육학연구, 21**(4), 145–176.
67) 이림 (2018). 우리나라 교과 교육과정 문서체재의 문제점 및 개선방향 탐색: 기준이라는 용어를 중심으로. **한국교육학연구, 24**(4), 55–81.
68) 이병호, 홍후조 (2008). 교과 교육과정 기준 문서체제의 개선에 관한 연구: 과학,

미국, 영국의 과학과 교육과정 문서 비교를 중심으로. **비교교육연구, 18**(3), 73-102.

69) 67)과 동일

70) 이림 (2017). 고등학교의 진로에 따른 교과 분화 및 과정 구성을 위한 기준 개발 연구. 고려대학교 대학원 박사학위논문.

71) ACARA (2019). https://www.australiancurriculum.edu.au/download/DownloadF10에서 2020년 2월 7일 인출.

72) 김해경 (2017). 미술과 교육과정 용어에 대한 초등교사들의 이해 연구. **교육논총, 37**(1), 27-43.

CHAPTER 2

유아교육과정의 재구성

유아

교육과정의

재구성

여는 글

교육과정은 교사의 실존이 강하게 드러나는 영역이다. '교육과정이 교사이고, 교사가 곧 교육과정이다.'[1]라는 말 그대로 교사는 교실에 존재하는 것과 동시에 교육과정을 실행한다. 교사가 사용하는 말, 어휘, 이야기는 교육과정에 대한 가치를 담고 있으며,[2] 유아들과 다룰 교육내용의 선정부터 실행, 평가까지 교사와 교육과정은 떼려야 뗄 수 없는 관계이다.

교사와 교육과정을 연관 지어 보게 된 것은 언제부터였을까? 초기 교육과정 연구는 교육과정 개발과 효과적 전달이 주된 관심이었다. 개발된 교육과정이 교육현장에 잘 적용되고 있는지, 개발의 효과가 잘 나타나는지, 나타나지 않는다면 이유는 무엇인지 살펴보는 것에 집중되어 있었다. 그러나 최근 교육과정을 바라보는 관점은 교육과정 개발보다는 교육과정 이해로 전환되었으며, 이는 교육과정 패러다임이 변화하였다는 것을 의미한다. 최근 이루어지는 교육과정 연구들은 교육과정이 펼쳐지는 장(場)에 대한 이해와 그곳에 존재하는 교사와 학생에 관한 탐구가 주를 이루고 있다. 이는 좋은 교육과정이 개발되더라도 그것이 교육현장에서 실행되지 않는다면 교육과정의 의미가 살아날 수 없다는 실천적인 깨달음의 반영이다.[3] 마시(Marsh)와 윌리스(Willis)는 다음과 같이 교육과정 실행의 의미를 설명한다.

> 교육과정은 계획으로 시작되지만, 교사들이 실제 교실에서 학생들과 함께 실행할 때만 실재(reality)하게 된다. 좋은 교육과정을 위해서는 분명 신중히 계획하고 개발하는 것이 중요하지만, 교사들이 어떤 계획이 필요한지와 그것을 자신의 교실에서 어떻게 실행할 수 있는지를 깨닫지 못한다면 주의 깊게 계획하고 개발하는 것은 아무것도 아닌 것이 된다.
>
> (Marsh & Willis, 2003: 232)*

유아교육에서는 제1차 유치원 교육과정부터 2019 개정 누리과정에 이르기까지 국가수준 교육과정을 준용하되, 지역사회 실정과 유아, 교사에 의해 교육과정을 재구성하여 운영하도록 명시해왔다.[4] 이는 교육과정 재구성이란 용어 자체가 재구성의 대상이 되는 교육과정이 존재한다는 것을 전제로 하며, 교

* 이경진, 김경자 (2005). '실행'을 중심으로 본 교육과정의 의미와 교사의 역할. 교육과정연구, 23(3), 57-80. 60쪽에서 발췌.

육과정을 국가수준에서 개발 · 공포되는 교육과정 문서에 담긴 내용으로 이해하고 있음을 나타낸다. 또한 어느 교육과정 시기이든 유아교육에서는 교사와 유아가 함께 '만들어가는 교육과정'을 표방해 왔음을 의미한다.[5] 그럼에도 불구하고 유아교육과정의 주된 쟁점 중 교육과정 재구성은 늘 빠지지 않는다. 이는 국가수준 교육과정에서 지속적으로 교육과정의 재구성을 강조하여 왔지만, 실제로는 교육과정 재구성이 제대로 잘 이루어지지 않고 있기 때문이라 추론해볼 수 있다.

교육과정 재구성은 연구자에 따라 교육과정 개발(curriculum development), 교육과정 실행(curriculum implementation), 교육과정 설계(curriculum design), 교육과정 각색(curriculum adaptation) 등 다양한 단어로 표현된다. 이 중 무엇을 교육과정 재구성이라고 할 수 있는지 정의 내리는 것부터 쉽지 않다. 교육과정 재구성의 의미가 다양한 만큼 교육과정 재구성에 대한 해석과 실제 역시 다채로울 것이다.

본 장에서는 교육과정 실행과 교육과정 재구성에 대한 이론적 고찰을 바탕으로 유아교육과정 재구성의 의미를 탐색하고, 현장에서 교사들이 실행하고 있는 교육과정 재구성의 사례를 살펴보고자 한다. 또한 유치원 교육과정의 고시문 총론과 해설서 내용을 바탕으로 문서상에서 교육과정 재구성이 어떻게 나타나는지 의미를 살펴본 후, 유아교육과정의 재구성과 관련된 주요 쟁점을 소개하고자 한다.

유아교육과정 재구성의 의미

교육과정 재구성이란 용어에는 재구성의 대상이 되는 교육과정이 존재한다는 것이 전제되어 있다. 이때 교육과정은 국가수준에서 개발 · 공포되는 교육과정 문서에 담긴 내용으로 이해하는 것이 일반적이다. 우리나라는 국가수준 교육과정에 기반을 두고 교육과정을 재구성해야 하는 체제이기 때문에, 스나이더(Snyder), 볼린(Bolin), 줌월트(Zumwalt)의 교육과정 실행(curriculum implementation)에 대한 관점[6)]을 바탕으로 교육과정 재구성을 논해왔다.[7)] 이들은 충실(Fidelity) 관점, 상호조정(Mutual Adaptation) 관점, 생성(Enactment) 관점으로 구분하여 개발된 교육과정을 교사가 교실에서 어떻게 실행하는지 보고자 하였다.

먼저 충실 관점은 외부에서 개발된 교육과정을 교사가 충실히 실행하는 것이다. 충실 관점은 개발된 교육과정을 교실에서 적절히 구현하는 것에 중점을 두기 때문에 이때 교사는 개발된 교육과정의 전달자이자 적용자이다. 국가수준 교육과정이 있는 곳의 교사들이 시도하는 가장 기본적인 접근은 충실 관점이라고 할 수 있다.[8)] 국가수준 교육과정에는 국가가 당시에 필요하다고 바라본 교육의 가치가 담겨 있으며 교사들은 이를 준수해야 하는 의무가 있기 때문이다. 이러한 충실 관점의 의미를 올바로 알지 못한다면 충실 관점을 시도하는 교사는 외부에서 개발된 교육과정을 수동적으로 따라가는 존재로

만 여겨지게 된다.[9][10]

다음으로 상호조정 관점은 국가수준 교육과정을 준용하되 교육현장의 상황과 역동성을 고려하여 변형하고 적용하는 관점이다. 그러므로 대다수의 교사들이 하고 있는 교육과정 재구성은 상호조정 관점이라 볼 수 있다. 여기서 중요한 지점은 국가수준 교육과정을 교실과 유아에게 적합하게 수정, 적용하기 위해서는 교사가 교육과정 문해력(curriculum literacy)을 바탕으로 한 전문성이 있어야 한다는 것이다. 교육과정 문해력은 국가수준 유아교육과정을 읽고 해석하는 능력으로, 교사가 교육과정을 재구성하는 바탕이 된다. 상호조정 관점에서의 교육과정 재구성은 유아교육과정의 목표, 내용, 방법, 평가 등 다양한 부분에서 이뤄질 수 있다.

마지막으로 생성 관점은 교육과정 실행에 있어, 미리 계획된 교육과정을 전제하지 않는다. 생성 관점은 교육과정 실행을 교실에서 교사와 학생들이 지속적으로 만들어가고 경험하는 과정 그 자체로 본다. 생성 관점에서 교사는 교육과정 개발자이기 때문에 현장 적합성이 가장 뛰어난 교육과정을 만들 수 있다는 가능성이 높지만, 그만큼 교육과정에 대한 교사의 높은 수준의 역량과 자질, 전문성이 요구된다.

충실 관점과 상호조정 관점은 외부에서 개발된 교육과정을 충실히 실행하는가, 교사가 조정하여 실행하는가의 차이가 있을 뿐 근본적으로는 교사가 어떻게 실행하는가에 관심을 두었고, 교육과정 개발과 실행을 순차적으로 보았다.[11] 그러나 생성 관점은 외부에서 개발된 교육과정 여부와 상관없이 만들어가는 과정 자체에 집중한다. 그러므로 충실 관점, 상호조정 관점, 생성 관점을 일직선상에 놓고 비교하기보다는 고유한 인식과 신념의 차이가 있다고 보는 것이 적합하다.[12] 또한 교육과정 실행은 어느 위치에 고정되는 것이 아니라 무수히 많은 실천 속에서 계속 변화하며 유연성을 가지게 된다.[13] 교육과정 실행은 교사의 시도와 도전의 과정이며, 동일한 교사더라도 근무하는 기관과 교실의 상황에 따라 발휘할 수 있는 실행의 정도에 차이가 있기 때문이다. 그러므로 충실, 상호조정, 생성 관점을 넘나들며 자신의 학급에 적합하게 하는 유연성 그 자체가 교육과정 실행에 중요한 요소라 할 수 있다.

교육과정 실행과 재구성

타 학교급의 교육과정 재구성은 교과별 차시와 교과서가 있기 때문에 교과의 통합이나 교과서 재구성,[14] 교수 · 학습방법의 다양화 등의 형태로 나타난다.[15] 반면 유아교육기관은 정해진 차시와 교과서가 없으며 교과보다는 생활주제를 중심으로 한 통합교육으로 접근하기 때문에 교육과정 재구성 시 타 학교급과는 다른 양상을 보인다. 그렇다면 유아교육에서 교육과정 재구성은 어떠한 형태로 이뤄질 수 있을까?

충실 관점과 유아교육과정 재구성

교육과정 실행 관점 중 충실 관점은 '기술적 합리성에 근거한 교육과정 이해'와 관련이 깊다.[16] 즉, 충실 관점은 교육과정의 목표를 효과적으로 달성하기 위하여 구조화된 교육과정을 효율적으로 관리하는지를 중요하게 보는 관점이다. 또한 충실 관점은 국가수준 교육과정의 문서와 교사용 지도서, 평가문항지 등 여러 가지 교육과정과 관련된 자료를 포괄하기 때문에 국가수준 교육과정을 이해하는 데 필요한 관점이다.[17]

이윤미와 동료들(2015)에 따르면 법적 문서로서 국가수준 교육과정을 가지고 있는 체제에서 초·중등학교 교사들이 임의로 교육과정의 성취기준을 삭제하거나 추가하는 것은 어려운 일이다.[18] 따라서 초·중등학교 교사들이 교육과정 재구성이라고 말하는 것은 대체로 교과서의 재구성에 한정된다고 주장하였다. 이들은 교사들이 국가수준 교육과정을 재구성하기 위해서는 교육과정의 성취기준을 교사들이 해석을 시도할 수 있도록 포괄적으로 기술하는 방안을 제시하였다. 혹은 교사에게 국가수준 교육과정의 성취기준을 일정 부분 첨삭할 수 있는 권한을 주어야 한다고 하였다.

이에 비해 국가수준 유아교육과정은 교육내용을 성취기준으로 간주하지 않으며, 비교적 포괄적으로 기술되어 있어 교사의 교육과정 재구성이 가능하다.[19] 또한 제1차 유치원 교육과정부터 지속적으로 교사가 교육과정을 재구성하여 운영하도록 명시하였고, 제2차 유치원 교육과정에서는[20] 필요한 경우 국가가 고시한 내용 이외의 것을 첨가할 수 있다고 명시한 바 있다. 특히, 국가수준 유치원 교육과정은 교육내용을 편의상 몇 개의 영역으로 구분하여 제시하고 있으나 교사들이 이를 독립된 교과로 간주하지 말고 교육내용을 서로 연계하여 통합적으로 재구성할 것을 명시하고 있다. 이런 점에 근거하면, 국가수준 유아교육과정을 충실히 구현하는 것은 곧 교육과정 재구성을 포함하는 것이 된다. 즉, 충실 관점으로도 교육과정 재구성이 가능하다는 것이다. 현재까지 유아교육과정의 재구성에서는 이와 관련된 논의가 충분히 이뤄지지 않은 채, 타 학교급에서 논해지는 쟁점을 그대로 옮겨와 논지를 전개해왔다. 그러므로 교육과정 실행의 충실 관점과 유아교육과정 재구성의 관계를 숙고할 필요가 있다.

상호조정 관점과 유아교육과정 재구성

교육과정의 표준화 관점에서 보면 상호조정 관점에서 유아교육과정의 재구성은 두 가지 유형으로 이뤄질 수 있다.[21] 교사가 국가수준 교육과정을 바탕으로 교실의 교육과정을 계획한 뒤 유아의 반응과 흥미에 맞게 수정해가는 경우와 유아들의 발현적 아이디어를 국가수준 교육과정의 내용과 연결시키고 확장해 나가는 경우이다. 상호조정 관점에서는 국가수준 교육과정을 배제하지 않고 교육과정을 재구성하기 때문에 유아들이 무엇을 배우고 있는지, 교사는 무엇을 가르치고 있는지에 대한 방향을 정립하며 교사의 반성적 사고와 실행을 시도할 수 있다는 특징이 있다. 다음의 사례를 바탕으로 이를 살펴보자.

[사례 1]
바깥놀이터에 사는 곤충들에 대해 이야기를 나누며 곤충

이 바깥놀이터 어느 곳에 살고 있는지 이야기를 나누려고 했었는데, 유아들이 바깥놀이터보다는 전체적으로 곤충은 어디에 사는지에 관심을 가지고 이야기하는 모습을 보였다. 그 중 물에 사는 곤충이 바닷물이냐, 강물이냐에 대한 이야기로 서로의 의견이 부딪히는 모습을 보고 물에 사는 곤충에 대해 함께 조사해보기로 했다. 자유선택활동 시간에 이에 대해 알아보는 시간을 가졌는데 유아들이 호기심을 가지고 직접 조사한 내용을 통해 물에 사는 곤충은 바다에 살지 않는다는 것과 물에 사는 곤충의 종류에 대해 알아볼 수 있는 시간이었다.

(만 4세반 교사 저널)*

위의 만 4세반 교사는 국가수준 교육과정을 바탕으로 교사가 계획한 교육과정을 실행하려고 하였지만 유아의 반응과 흥미에 따라 수정, 변형하여 재구성하였다. 이는 국가수준 교육과정을 바탕으로 교사가 계획한 교육과정이 있지만, 유아에 의해 변형될 가능성을 내포하고 있음을 나타낸다.

[사례 2]

자유선택활동 시간 동안 나무에 대해 조사하기 위해 책을 읽고 목록을 정한 소민이는 바깥놀이 시간에 나무에 대해 조사하기 시작했다. 목록들 중 어떤 것을 먼저 조사할 것인지 생각하더니 나무의 소리에 대해 조사를 하겠다고 하였다.

교사: 나무의 소리? 뭐 바람에 나뭇잎이 흔들려서 나는 소리 같은 거?

소민: 아니오, 나무의 소리! 나무의 뿌리에서 물을 빨아들일

* 곽향림 (2015). 구성주의 유아교육 교수학습법. 127쪽에서 일부 수정 발췌.

때 그게 줄기를 타고 올라가면서 소리가 들린대요.
교사: 정말?
그리곤 몇몇 유아들과 함께 나무의 소리를 듣기 시작했다.
준하: 아! 정말 들려요. 마치 파도치는 소리처럼.
소민: 어! 나도 들려! 들려!
찬유: 나는 두둑, 두둑, 이렇게 들리는데.
교사: 정말?
그러나 찬유가 나무를 두드리는 소리였다. 교사는 유아들과 함께 나무의 소리를 듣기 위해 이 나무 저 나무를 옮겨 다녔다.
소민: 선생님! 정말 소리 들려요?
교사: 나무의 소리가 들리는 것 같기도 하고 들리지 않는 것 같기도 하고.
소민: 나무마다 소리가 다른 것 같아요.
그리곤 소민이는 기록하였다.

(만 5세반 교사 관찰, 2010. 05. 11)

식물활동을 하면서 유아들에게 가장 중요했던 것은 살아 있다는 것이었다. 그동안 식물이 살아 있다는 것을 알고 있었지만 이 활동에서 살아 있다는 것은 그동안의 것과는 조금 다른 것(살아 있는 것은 소리가 있다)이었다.

(만 5세반 교사 일과평가서, 2010. 05. 11)*

위 사례는 유아들의 발현적 아이디어가 '식물은 살아 있기 때문에 스스로 움직이는 것을 볼 수 있거나 들을 수 있다.'로 나타난 일화이다. 이후 교사는 유아들의 발현적 아이디어

* 곽향림 (2012). 유아발달에 적합한 생물과학내용지식을 선정하기 위한 구성주의 교사의 노력. 유아교육연구, 32(4), 137-160. 145, 148, 149쪽에서 일부 발췌.

를 관찰하고 식물의 핵심 개념을 '식물의 특성'이 아닌 '식물은 살아 있다'로 변형시키면서, 세부내용을 새롭게 선정하였다. 즉, 교사는 유아들의 발현적 아이디어가 스쳐지나가는 것이 아니라 유의미한 교육과정이 될 수 있도록 국가수준 교육과정과 연계하고자 하였고, 국가수준 교육과정에서 제시하는 내용이 부족할 경우, 내용을 개발하여 확장하는 교육과정 재구성을 하였다.[22] 곽향림은 위의 두 사례와 같이 국가수준 교육과정을 기반으로 하되 교사와 유아가 함께 교육과정을 설계(curriculum design)하는 것을 '만들어가는 교육과정(making curriculum)'이라 하였다.[23]

생성 관점과 유아교육과정 재구성

생성 관점은 흔히 '만들어가는 교육과정'이라고 정의된다. 그리고 일반적으로 교육과정 재구성을 논할 때 '만들어가는 교육과정'이라는 표현을 사용한다. 이에 따라 생성 관점의 정의와 교육과정 재구성의 정의가 기표상으로 일치하게 된다. 그러나 생성 관점에서는 개발된 교육과정의 여부와 상관없이, 교실에서 발현적으로 일어나는 일 자체에 관심을 가지고 교육과정을 만들어가는 '과정'과 '경험'에 중심을 둔다.[24] 일반적으로 우리가 교육과정 재구성의 대상을 국가수준 교육과정[25]이라고 하는 것과 달리, 생성 관점에서는 재구성의 대상이 없다. 재구성이 아닌, 생성 그 자체이다. 이는 교육과정 재구성을 칭할 때의 '만들어가는 교육과정'과 생성 관점에서의 '만들어가는 교육과정'의 기의가 다르다는 것을 의미한다.

그렇다면 유아교육에서 생성 관점은 어떻게 나타날까? 생성 관점을 가진 교사는 사전에 구체적으로 작성하는 형식적 계획을 중요하게 여기지 않지만, 실행 과정 중 유기적인 계획을 세울 수 있어야 한다.[26]

[사례 3]

정교사: 어제 보물지도에 관한 이야기를 하다가, 아이들이 해적이 보물지도를 못 찾게 함정을 만들자고 했어요. 처음에는 아이들이 '칼을 만들어요.' 이렇게 이야기를 하다가 한 친구가 '가짜 보물지도를 만들면 되잖아!' 하고 이야기를 했어요. 그래서 오! 좋다고 하면서 가짜 보물지도를 만들자고 했는데, 아이들이 발견한 보물지도와 똑같은 종이가 없는 거예요. 그래서 아이들에게 어떻게 하지 물었더니, 또 누가 '색칠하면 되잖아요!'라고 이야기하고 …(중략)… 그리고 수업이 끝나자 아이들이 해적 배가 가라앉았다고 가짜 지도는 다 떼자고 해서 정리했어요. 하하하.

(수업협의회, 2016. 05. 12)*

[사례 4]

(비의 나라 수업을 계획하면서)

유교사: 아이들이 비의 나라에 온 것 같은 느낌을 더 받았으면 좋겠어요. 잠들어 있는 비를 깨우면서 비의 나라에 흠뻑 몰입할 수 있도록.

정교사: 이미지 볼 때 음악을 한번 찾아볼까요? 소나기에

---

* 이정금 (2017). 교사의 상상력을 통한 유아교육과정 재구성 과정 연구. 부산대학교 박사학위논문. 231-232쪽에서 일부 발췌.

는 어떤 음악을 찾아야 하지?

유교사: (음악을 찾으면서) 태풍은 좀 강렬한 걸로. 가요에는 없나? 장마는 계속 비가 오잖아요. 우편마차 이 곡은 어때요? 우박.

정교사: 파밤 파밤 파밤.

유교사: 조스? 에 나오는 음악? 영화에 나오는 음악.

…(후략)…

(수업협의회, 2016. 07. 01)**

위 사례를 소개한 연구에서는 교육과정 재구성을 '교육과정의 잠재된 의미를 다양한 시선에서 해석하며 그 외연을 넓혀가는 것으로서 완결된 지식 창출을 유보하고 다양한 질적 의미를 찾으려는 노력의 과정', '주어진 교육과정을 다의적으로 해석하고 변주하면서 다양한 아이디어가 교실 안에서 살아나도록 창의적으로 구현해가는 것'[27]으로 보았다. '구현해가는 것'이라는 표현에서 나타나듯 교사들은 유아들과 만들어가는 과정에 집중하고 있다. 교사들은 주제 해석부터 새로운 맥락을 생성하고, 유아의 상상력을 더하며, 교수 · 학습방법을 변화시키는 등의 재구성을 시도함으로써 다양하게 교육과정을 재구성하였다.

그러나 이정금(2017)[28]은 '유아교사의 상상력을 바탕으로 교육과정을 재구성해나가는 과정과 실행의 변화를 보았기 때문에 근본적으로는 생성 관점을 취하고 있지만, 국가수준의 교

** 이정금, 임부연 (2018). 교사의 상상력을 통한 유아교육과정 재구성 과정에 관한 연구. 유아교육연구, 38(1), 137-165. 155쪽에서 일부 발췌.

육과정도 바탕으로 하고 있으므로 상호조정 관점도 수용하고 있다'라고 밝혔다. 이는 국가수준 교육과정이 있는 곳의 교육과정 재구성은 생성 관점에서 실행하더라도 상호조정 관점과 관련될 수밖에 없다는 것을 의미한다.

종합하면, 유아교육 분야에서는 분명 타 학교급과는 다른 측면으로 교육과정 실행이 이루어짐에도 불구하고 그동안 타 학교급에서 이뤄진 교육과정 재구성의 논점을 그대로 수용하여 논의를 전개해왔다. 그러므로 충실 관점에서는 유아교육과정의 재구성이 이루어질 수 없는지에 대한 고민과 함께, 생성 관점의 '만들어가는 교육과정'과 상호조정 관점에서 교육과정 재구성으로서의 '만들어가는 교육과정'의 의미에 대하여 심도 있는 논의가 필요하다.

더불어, 만들어가는 교육과정은 교사가 국가수준 교육과정을 어떻게 해석하고 이해하느냐에 달려 있음을 주목할 필요가 있다. 이는 교육과정 문서의 해석능력과 활용능력을 뜻하는 교육과정 문해력이 교육과정 재구성의 핵심 요인임을 의미한다.[29] 교육과정 재구성은 일회성이 아닌 계속적인 실행연구의 과정이므로 교육과정의 계획과 실행, 평가 과정에서 끊임없이 교육과정 문해력을 갈고 닦는 교사의 전문성이 필수적이라 할 수 있다.

국가수준 유치원 교육과정과 재구성

국가수준 교육과정을 해석하고 활용할 수 있는 교육과정 문해력이 교육과정 재구성의 핵심 요인이라면, 국가수준 유치원 교육과정에서 교육과정 재구성이 어떻게 제시되어 있는지를 살펴보는 것이 요구된다. 지금까지 국가수준 유치원 교육과정에서 교육과정 재구성을 언급한 부분을 고시문 총론과 해설서를 중심으로 살펴보면 다음과 같다.

표 2-1 제1차 유치원 교육과정에 제시된 교육과정 재구성

시기	고시문 문서체제	교육과정 재구성 내용
제1차 30)	교육과정 편성 : 교육과정의 운영	• 각 유치원은 각 지역사회의 실정에 맞는 교육과정을 재구성하여야 함(5쪽) • 각 유치원에서 지역사회의 실정에 맞는 교육과정을 창의적으로 재구성할 수 있는 충분한 융통성과 신축성을 부여(5쪽)
	지도상의 유의점	• 본 교육과정은 편의상 건강, 사회, 자연, 언어, 예능 등의 다섯 영역으로 나누어 구성하였으나 실제 학습에 있어서는 아무런 구분 없이 혼연된 종합체로서 유치원 교육의 특징을 살릴 수 있도록 운영(14쪽)

제1차 유치원 교육과정에서는 '교육과정 재구성'이라는 단어를 명확하게 사용하고 있다. 의무규정*으로 '각 유치원에서는 교육과정을 재구성하여야 한다.'고 명시하고 있으며, 이는 같은 시기 개발된 제2차 국민학교 교육과정 고시문의 표현과 동

* 제1장 61쪽 내용 참고

일하다. 이를 통해 제1차 유치원 교육과정부터 교육과정 재구성을 추구하였으며 '개별 유치원의 교육과정 개발'을 중요하게 보았음을 알 수 있다.[31] 또한 교육내용을 편의상 5개 영역으로 구분하였으나 교육과정의 운영은 영역의 구분 없이 통합(종합체)할 것을 요구하였고, 이를 유치원 교육의 특징이라고 명시하였다. 즉, 제1차 유치원 교육과정부터 통합교육과정으로의 재구성을 강조하고 있음을 살펴볼 수 있다.

표 2-2 제2차~제4차 유치원 교육과정에 제시된 교육과정 재구성

시기	고시문 문서체제	교육과정 재구성 내용
제2차[32]	유치원 교육과정 : 운영지침	• 유치원은 유아 심신의 발달, 지역사회와 학교 실정, 계절에 적합한 교육 계획 수립(7쪽) • 교육과정은 발달영역별로 학습내용을 기술하였지만 유치원은 이들 내용을 지도하는 데 있어서 다양한 학습 유형을 수립하여 각 영역의 내용이 통합적으로 학습되도록 함(7-8쪽) • 국가 시책, 지역사회 및 학교의 실정에 비추어 특히 필요한 경우에는 국가수준 교육과정 영역에 제시된 내용 이외의 것을 첨가할 수 있음(8쪽)
제3차[33]	유치원 교육과정 : 운영지침	• 아동의 발달 수준, 지역사회와 유치원의 실정, 계절 등에 적합한 교육과정 운영 계획의 융통성 있는 수립(4쪽) • 지도 계획은 모든 영역의 내용이 통합적이고 균형적으로 지도될 수 있도록 수립(4쪽)
제4차[34]	유치원 교육과정 : 운영지침	• 연간교육과정 운영 계획은 유아의 발달 수준, 지역사회의 실정, 유치원의 특성, 계절 등을 고려하여 융통성 있게 수립하되, 일일의 지도 계획을 구체적으로 수립(4쪽)

제2차, 제3차, 제4차 유치원 교육과정에서는 '교육과정 재구성'이라는 용어를 직접적으로 제시하지는 않으나, 운영지침에서 교육과정 재구성의 의미를 진술하고 있다. 제1차 유치원 교육과정과 마찬가지로 영역으로 구분된 교육내용을 통합하

여 재구성하라는 점을 지속적으로 명시하고 있다. 제2차 유치원 교육과정에서는 '국가수준의 교육과정의 일반 목표와 구성 방침에 어긋남이 없도록 함', '특히 필요한 경우 국가수준 교육과정 영역에 제시된 내용 이외의 것을 첨가할 수 있음'으로 진술되어 있다. 이를 통해 국가수준 교육과정은 교사가 지켜야 할 최소기준이고 나머지는 교사의 자율에 맡기는 용인할 수 있는 최소한도의 의미[35]임을 알 수 있다. 제3차 유치원 교육과정에서는 제2차에서 '학교 실정'으로 제시되었던 것을 '유치원의 실정'으로 바꾸었으며 '융통성 있는 수립'이라는 표현을 사용하였다. 제4차 유치원 교육과정에서는 '연간교육과정 운영 계획'은 융통성 있는 수립으로, '일일의 지도 계획'은 구체적인 수립으로 할 것을 제시하였다. 제3차 유치원 교육과정과 비교하였을 때 융통성 있는 수립의 대상이 분명히 언급되었다.

제4차 유치원 교육과정 해설서[36]에서는 개정의 기본방향에서 '제4차 유치원 교육과정은 유치원 현장의 창의적 노력들을 최대한 수용하고 교사의 자율성과 전문성을 높여 나갈 수 있는 방향으로 개정되었다.'(21쪽)라고 설명함으로써 교육내용 선정과 구성에서 융통성을 강조하였다. 제4차 유치원 교육과정의 특징은 국가수준에서 교육과정의 최종 목표와 영역별 목표 해설만 제시하고 유아교육 현장에서 교사들이 교육활동을 선정하고 재구성하도록 하였다는 점이다. 그러나 교육내용이 구체적으로 제시되지 않다 보니 교사들은 수업을 구체화하기 어려우며, 해석이 다양하여 실행 수준에도 차이가 크게 발생하였다.[37] 이는 교사의 자율성이 확대되었다고 하여 교육과정 재구성이 원활히 이루어지는 것은 아니며, 국가수준 교육과정에 대한 교사의 이해와 해석, 즉 교사의 교육과정 문해력이 중요함을 시사한다.

표 2-3 제5차 유치원 교육과정에 제시된 교육과정 재구성

시기	고시문 문서체제	교육과정 재구성 내용
제5차[38]	교육과정의 편성과 운영 : 교육과정의 성격	• 이 교육과정에 제시된 기준 이외에, 더 필요한 구체적인 편성 · 운영 지침은 각 시 · 도 교육감이 지역의 특수성과 유치원의 실정에 알맞게 정하여 실시함(3쪽)
	교육과정의 편성과 운영 : 편성	• 시 · 도 교육청, 유치원으로 나눠서 언급 • 시 · 도 교육청: 유아, 교원, 유치원 실정, 주민의 요구, 지역의 특수성을 반영한 교육과정 편성 · 운영지침 작성(4쪽) • 유치원: 유치원 실정에 알맞은 교육과정 편성, 지역사회 실정 및 특수성, 학부모 요구를 교육과정 편성에 반영(4쪽)
	교육과정의 영역: 방법	• 각 영역별로 제시된 내용은 지도의 순서를 의미하는 것이 아니므로, 적절한 시기와 상황에 맞추어 통합적으로 운영될 수 있도록 교육활동을 계획(27쪽) • 주제, 유아의 요구 및 상황에 따라 활동으로 여러 번 다룰 수 있음(27쪽)

제5차 유치원 교육과정에서는 제1차에서 교육과정의 운영, 제2차부터 제4차까지 운영지침에서 교육과정 재구성이 제시되었던 것과는 달리, 교육과정의 편성과 방법으로 나뉘어 제시되었다. 또한 시 · 도 교육청과 유치원 수준에서 어떻게 교육과정 재구성을 실천하여야 하는지 구체적으로 설명하기 시작하였다는 점이 특징이다. 제5차 유치원 교육과정 해설서[39]에서는 '유치원(교실)은 교육부→시 · 도 교육청→유치원과 같이 하위 수준의 종착역이 아니라 사실은 교육 운영에 있어

교육의 진원지이자 근원지'(2쪽)이며, '유치원의 교육과정이 원장과 교사의 몫이라 하더라도 계획을 수립할 때 준거로 삼아야 할 공통적이고 보편타당한 공인된 기본 방향과 기준이 필요하고, 그러한 역할은 시 · 도 교육청과 국가수준 교육과정에서 하는 것'(2쪽)이라고 설명을 제시하였다. 김규수(2012)는 제1차부터 제4차 유치원 교육과정까지 유치원 교육과정의 지역화는 소극적으로 제시되었으나, 제5차 유치원 교육과정에 이르러서는 시 · 도 교육청과 유치원으로 구분하여 보다 자세하게 언급함으로써 논의와 실천의 필요성이 부각되었다고 하였다.[40]

제5차 유치원 교육과정 해설서에는 '교사들이 특히 유의할 점은 국가수준의 교육과정 및 교육과정 해설서, 유치원 교육활동 자료집 등을 활용하여, 유아들이 유치원에 다니는 동안 국가수준의 교육과정 속에 담긴 내용을 균형적으로 경험할 수 있도록 배려하는 일이다.'(9쪽)라고 제시되어 있다. 이와 함께 고시문 총론에서는 방법에 '각 영역별 내용은 지도의 순서를 의미하는 것이 아니며 통합적으로 운영하고, 주제나 유아의 요구 및 상황에 따라 여러 번 다룰 수 있음'을 언급함으로써, 교사가 할 수 있는 교육과정 재구성의 방법을 설명하였다.

표 2-4 제6차 유치원 교육과정에 제시된 교육과정 재구성

시기	고시문 문서체제	교육과정 재구성 내용
제6차[41]	교육과정의 성격	• 국가수준의 공통성과 지역, 유치원, 개인 수준의 다양성을 동시에 추구하는 교육과정(3쪽) • 교육청과 유치원, 교원, 유아 · 학부모가 함께 실현해가는 교육과정(3쪽)
	교육과정의 편성과 운영 : 교육과정의 구성방향, 교육과정의 구성방침	• 교육과정 편성, 운영 현장의 자율성을 확대(5쪽)
	교육과정의 편성과 운영 : 지역 및 유치원에서의 편성 · 운영	• 시 · 도 교육청, 지역 교육청, 유치원으로 나눠서 언급 • 시 · 도 교육청 – 유아, 교원, 유치원의 실정, 주민의 요구, 지역의 특수성 등을 바탕으로 시 · 도 교육 중점 설정, 교육 과정 편성 · 운영 지침에 반영(6쪽) – 교육과정에 제시된 각 영역은 독립된 교과가 아닌 점에 특히 유의하여 통합적으로 운영되도록 지도와 조언(7쪽) • 지역 교육청: 지역의 특수성에 바탕을 둔 중점 교육 활동에 관한 사항, 유치원 간 공동 협의 등을 명시(7쪽) • 유치원: 시 · 도 교육청의 지침, 지역 교육청의 장학 자료를 바탕으로 유치원 실정에 알맞은 교육과정 편성(8쪽)
	교육과정의 영역 : 교수 · 학습방법	• 수준별 내용 추가됨, 이하 5차와 동일

제6차 유치원 교육과정은 제5차와 마찬가지로 교육과정의 편성과 운영, 교육과정의 영역에 교육과정 재구성을 진술하고 교육과정 성격에서 '국가수준의 공통성과 지역, 유치원, 개인 수준에서 다양성을 동시에 추구', '함께 실현해가는 교육과정'이라는 표현으로 교육과정 재구성의 의미를 제시하였다. 또한 교육과정 구성방침에서 '현장 자율성을 확대한다'라고 명시하였다는 점이 특징이다. 제6차 유치원 교육과정 해설서[42]에는

교육과정 개정의 기본 방향에서 '국가에서 획일적으로 주어지는 교육과정보다 유치원 교육현장에서 만들어가는 교육과정으로 교육과정을 이해해 나가는 인식의 전환이 필요하며, 유치원 현장에서 주어진 교육과정에 대해 편성 · 운영의 자율성, 융통성, 창의성을 어떻게 발휘할 것인지가 중요한 변인이 될 것'(15쪽)이라고 진술되어 있다. 이를 통해, '함께 실현해가는 교육과정'은 곧 '만들어가는 교육과정'을 의미하는 것임을 알 수 있다.

교육과정의 편성과 운영에서는 지역 교육청이 포함되어 유치원 교육과정의 편성과 운영을 직접 지원하는 지역 교육청의 역할이 진술되었다. 즉, 국가수준 교육과정이 가장 상위 수준(Ⅰ)이며, 시 · 도 교육청과 지역 교육청에서 제시하는 교육과정 편성 · 운영 지침(Ⅱ), 이에 근거한 유치원 교육과정(Ⅲ)으로 세 가지 수준의 교육과정으로 그 위상을 정립하는 것이 필요함을 논하였고(5쪽), 이 같은 역할분담은 '교육과정 중심'의 유치원 교육을 지향하기 위한 노력이라 밝혔다(4쪽). 또한 유치원 현장에서 교육과정의 영역을 통합적으로 운영할 수 있도록 지도하는 것을 시 · 도 교육청의 역할로 지칭함으로써 통합적 재구성을 강조하고 있다.

그리고 제6차 유치원 교육과정 해설서에서 '국가수준의 교육과정은 교사수준 교육과정으로 재구성되고, 다시 학습자수준의 교육과정으로 운영될 때 그 의미와 목적이 실현된다 …(중략)… 이에 따라, 유치원 교육과정을 효율적으로 운영하기 위한 교수 · 학습방법의 원칙들을 제시한다.'(103쪽)라는 부분을 통해 교육과정 재구성이 교수 · 학습방법을 통해 구체화됨을 밝히고 있다.

표 2-5 2007 개정 유치원 교육과정에 제시된 교육과정 재구성

시기	고시문 문서체제	교육과정 재구성 내용
2007 개정 43)	교육과정의 성격	• 국가수준의 공통성과 지역, 유치원, 개인 수준의 다양성을 동시에 추구하는 교육과정(2쪽) • 유아의 일상생활과 놀이 속에서 통합적으로 실현해가는 교육과정(2쪽) • 교육청과 지역사회, 유치원, 교원, 유아, 학부모가 함께 실현해가는 교육과정(2쪽)
	교육과정의 편성과 운영 : 교육과정의 구성방향 : 교육과정의 구성방침	• 지역과 유치원의 자율성을 확대하도록 구성(4쪽)
	교육과정의 편성과 운영 : 교육과정의 편성 · 운영 지침	• 시 · 도 교육청, 지역 교육청, 유치원의 역할 분담이 규정. 운영 지침의 내용이 자세해짐 • 시 · 도 교육청: 학부모의 요구가 포함됨 • 지역 교육청: 유치원 교원의 원활한 교류, 유치원과 교육청 간 협조체제 구축 등 • 유치원 – 6차의 내용에서 '모든 교원이 전문성을 발휘하여 참여하는 민주적인 절차와 과정을 거쳐 유치원 실정에 알맞은 유치원 교육과정을 편성, 운영한다.'의 내용 첨가(7쪽) – 6차에서 교수 · 학습방법으로 제시되었던 부분이 유치원 편성으로 옮겨 제시됨

2007 개정 유치원 교육과정 역시 제6차 유치원 교육과정에서 제시된 바와 같이 '함께 실현해가는 교육과정'으로서의 성격을 가지고 있으며, 주체에 지역사회가 추가되었다. 교육과정의 편성과 운영에서도 '지역과 유치원의 자율성 확대'로 명시되어 자율성이 확대되어야 하는 주체가 분명히 언급되었다.

또한 유치원 교육과정의 특징으로 추구해왔던 통합교육과정을 교육과정의 성격으로 명시함으로써 5개 영역의 교육내용을 교사가 통합하여 재구성할 것을 강조하고 있다.

제6차 유치원 교육과정과 마찬가지로 시 · 도 교육청, 지역 교육청, 유치원 수준의 교육과정 개발을 논하였고, 2007 개정 유치원 교육과정에서는 좀 더 자세하게 제시되었다. 이는 '교육과정 중심'의 유치원 교육이 정착단계에 있는 시점에서, 시 · 도 교육청과 지역 교육청, 유치원이 각 수준에서 할 수 있는 역할을 분명히 규정하려는 시도(49쪽)였다. 교육과정 지역화 관점에서 보면 2007 개정 유치원 교육과정에 이르러서야 교육과정 결정 권한의 분권화가 구체적으로 문서상에 가시화되었다고 볼 수 있다.[44)]

또한 고시문 총론에서 교육과정 편성 · 운영에 교원의 전문성이 처음 언급된 것은 2007 개정 유치원 교육과정 때부터였다. 그리고 제5차, 제6차 유치원 교육과정에서 교수 · 학습방법에 제시되었던 교사의 교육과정 재구성의 방법은 2007 개정 유치원 교육과정의 고시문 총론에서는 편성 · 운영 지침으로 옮겨 제시되었다.

표 2-6 3–5세 연령별 누리과정에 제시된 교육과정 재구성

시기	고시문 문서체제	교육과정 재구성 내용
3–5세 연령별 누리과정[45)]	편성과 운영: 편성	• 5개 영역의 내용을 균형 있게 통합적으로 편성(2쪽) • 반(학급) 특성에 따라 융통성 있게 편성(3쪽)
	편성과 운영: 운영	• 가정과 지역사회와의 협력과 참여에 기반하여 운영(3쪽)

3-5세 연령별 누리과정 고시문 총론에서는 편성과 운영에서 교육과정 재구성이 간략하게 제시되었고, 그 의미는 3-5세 연령별 누리과정 해설서에 자세하게 기술되어 있다. 3-5세 연령별 누리과정 해설서[46]의 편성(22쪽)을 보면, '시기와 상황, 필요에 따라 누리과정의 5개 영역 내용을 선정하고 통합적으로 편성', '한 반(학급) 특성에 따라 융통성 있게 편성하는 것'을 강조하였다. 그리고 운영에서는 '유치원과 어린이집, 가정과 지역사회 간 협력과 참여에 기반하여 운영'(26쪽), '계획안을 중심으로 운영하되, 유아의 흥미나 상황, 전날 보였던 반응이나 당일의 상황 변화에 따라 융통성 있게 조절하여 운영'(24쪽), '누리과정의 균형 잡힌 실행 안에서 유아의 흥미, 학급의 상황을 바탕으로 조정하여 운영'(24쪽)하도록 교육과정 재구성의 방법을 제시하였다. 교수 · 학습방법에서는 '배움의 공동체 문화 형성'(29쪽), '교사와 유아가 함께 만들어가는 교육'(30쪽)이 되어야 함을 강조하였고, 마지막으로 평가에서는 '개별 반(학급)의 교육계획안 작성 시, 국가수준에 근거하되 지역적 특성과 학급 내 유아의 특성을 반영'(32쪽)해야 한다고 제시하고 있다.

그러나 3-5세 연령별 누리과정에서 교육과정 재구성이 제시되어 있음에도 불구하고, 교사들은 교사의 자율성이 축소되고 교육과정 재구성이 원활히 이뤄지지 못한다고 인식하였다. 이는 교사들이 3-5세 연령별 누리과정은 유치원 교육과정과 표준보육과정을 일원화한 공통과정으로서, 무상교육비 지원 등과 연결하여 외적으로 좀 더 충실하게 따라야 하는 의무가 부여된 부분을 중요하게 인식하였기 때문으로 보인다.[47] 또한 유치원 평가에서 교육과정 운영이 누리과정의 목표와 내용에 근거하여 편성 · 운영되었는지를 점검하다 보니 교사들은 계획안과 문서 중심으로 누리과정을 접근하게 되었다.[48] 3-5세 연령별 누리과정 해설서에 '계획안과 실시된 교육일지의 비교분석을 통해 유아의 흥미, 요구, 개인차 등이 고려되었는지 살펴보아야 한다.'(34쪽)라고 되어 있지만, 보편적인 설명으로 제시되어 있어 교육현장에서 실행하기에는 어려움이 있다.[49]

표 2-7 2019 개정 누리과정에 제시된 교육과정 재구성

시기	고시문 문서체제	교육과정 재구성 내용
2019 개정 누리과정[50]	누리과정의 성격	• 유아, 교사, 원장(감), 학부모 및 지역사회가 함께 실현해가는 것을 추구(2쪽)
	누리과정의 운영 : 편성 · 운영	• 누리과정을 바탕으로 각 기관의 실정에 적합한 계획을 수립하여 운영(5쪽) • 가정과 지역사회와의 협력과 참여에 기반하여 운영(5쪽)
	누리과정의 운영 : 교수 · 학습	• 5개 영역의 내용이 통합적으로 유아의 경험과 연계(6쪽)

2019 개정 누리과정은 국가수준의 공통 교육과정으로서, 고시문에 누리과정의 성격으로 '함께 실현해가는 것'을 명시하였다. 이는 2007 개정 유치원 교육과정의 성격이 다시금 기술된 것이다. 이와 관련하여 2019 개정 누리과정 해설서[51]에서는 누리과정은 교사와 유아가 함께 만들어가는 교육과정임을 강조하며, '누리과정 실행 주체인 교사는 국가가 제시하는 유아 · 놀이 중심 교육과정을 기초로 하되 자율적으로 유아와 함

께 만들어나가는 교육과정을 실천할 수 있다.'(11쪽)라고 진술되어 있다. 즉, 2019 개정 누리과정에서는 유아가 주도하는 놀이 중심 교육과정을 통해 교사와 유아가 함께 만들어가는 교육과정을 구현할 수 있다고 밝히고 있다. 또한 2019 개정 누리과정 해설서에서는 '유아의 놀이는 미리 계획하기 어렵기 때문에 교사는 유아의 놀이에 가장 적합한 지원이 무엇인지 판단하고 실행할 수 있도록'(14쪽) 교사의 자율성을 강조하였다. 이를 위해 교육과정 대강화 경향을 반영하여 국가수준 교육과정의 기준을 최소한으로 제시함으로써, 교사의 자율성과 다양성을 존중하였음(19쪽)을 명시하였다. 더불어 2019 개정 누리과정 해설서의 편성 · 운영에서는 '각 기관의 교육철학, 가정과 지역사회의 특성, 유아의 요구를 반영하여 자율적인 계획 수립'(39쪽), '유아의 놀이를 지원하는 계획안으로 사전계획을 최소화하여 수립'(40쪽)할 것을 명시함으로써 기관과 교사의 자율성이 확대됨을 나타내었다. 특히 국가수준의 공통성과 지역, 기관 및 개인수준의 다양성을 동시에 추구함을 제시함으로써 지역수준, 기관수준, 개인수준의 다양성의 의미를 언급하였다(25쪽). 교수 · 학습에서는 유아의 경험을 영역별로 구분하는 것이 아니라 5개 영역의 내용을 통합적으로 경험함을 명시함으로써 통합교육과정의 특징을 이어가고 있다.

종합하면, 제1차 유치원 교육과정에서는 교육과정 재구성이란 용어를 사용하여 의무규정으로 명시하고 있다. 제2차 유치원 교육과정부터 제5차 유치원교육과정까지, 그리고 3-5세 연령별 누리과정은 교육과정 재구성이란 용어를 직접 사용하지는 않지만 여러 설명으로 교사의 자율적인 재구성을 제시하였다. 반면에 제6차 유치원 교육과정과 2007 개정 유치원 교육과정, 2019 개정 누리과정은 교육과정의 성격으로 '함께 실현해가는 교육과정'임을 명시하여, 주어지는 교육과정이 아니라 교사가 자율적으로 교육과정을 재구성할 것을 요구하고 있다. 주목할 점은 국가수준 유치원 교육과정에서는 지역사회와 교실의 상황, 부모의 요구, 유아의 흥미를 반영하여 교육과정을 재구성함으로써 '만들어가는 교육과정'을 실행해야 함을 계속하여 강조해왔다는 것이다.

유아교육과정 재구성의 쟁점

국가수준 유치원 교육과정은 제1차 유치원 교육과정부터 2019 개정 누리과정까지 '만들어가는(함께 실현해가는) 교육과정'을 유아교육의 특성으로 강조하였다. 그러나 당위적인 의미에서 접근해왔을 뿐 교육과정 재구성의 의미가 무엇이며 어떻게 이뤄질 수 있는지에 대한 심도 있는 논의는 이루어지지 못하였다. 본 절에서는 타 학교급에서 논의되고 있는 교육과정 재구성에 대한 쟁점을 고찰하고, 유아교육과정의 재구성에서 그 의미를 탐색해보고자 한다.

타 학교급에서는 다양한 측면에서 교육과정 재구성에 대한 쟁점을 전개해왔다. 이를테면 이한영(2007)은 다양성, 실용성, 자율성의 측면에서 교육과정 재구성에 대한 쟁점을 논하였다.[52] 양재영(2006)은 교육과정 재구성의 대상과 범위(내용 대 방법), 이유와 기준(학문 대 학생), 수준(해석 대 개발), 다양한 맥락(권한 대 책무)의 측면에서 교육과정 재구성의 쟁점을 제시하였다.[53] 이영선(2015)의 경우 교육과정 재구성의 대상(교과서 중심 대 교육과정 중심), 재구성의 이유(학습자에 대한 적합성), 학생에 대한 평가 문제를 들었다.[54] 김대영과 우옥희(2018)는 교육방법에 중점을 둔 교육과정 재구성의 적합성 여부, 교육과정 개발 주체와 교사 수준 교육과정 개발의 특수성에 대한 고민, 재개념화 입장에서 교육과정 재구성의 의미를 쟁점으로 제시하였다.[55] 종합하면 결국 타 학교급에서 논해지고 있는 교육과정 재구성의 쟁점은 '무엇을', '어떻게', '어느 범위까지' 재구성할 수 있으며, 교육과정 재구성의 적절성 여부를 '어떻게 평가할 것인지'와 관련이 깊다고 볼 수 있다.

유아교육과정의 재구성에서도 이와 유사한 쟁점들이 존재한다. 첫 번째는 교육과정 재구성의 대상에 대한 쟁점이다. 교육과정 재구성은 교육내용과 교수 · 학습방법 모든 영역에 걸쳐 이뤄질 수 있다. 그러나 보고된 바에 따르면, 현장 교사들은 유아들에게 교육내용을 효과적으로 가르치기 위한 '교수 · 학습방법'에 중점을 둔 방법 중심의 재구성을 시도하는 것으로 보인다.[56] 교수 · 학습방법에 집중되어 교육과정 재구성이 이뤄지게 되면 교사가 교육내용을 선별, 조직하는 자율성을 펼칠 수 없다는 제한점을 갖게 된다. 그러므로 교육내용은 재구성하지 않은 채 교수·학습방법에 중점을 둔 재구성을 교육과정 재구성으로 볼 수 있는지 숙고가 필요하다.

두 번째는 교육과정 개발의 '수준'과 관련된 쟁점이다. 이러한 입장에서는 근본적으로 국가수준 교육과정 개발과 교실수준 교육과정 개발이 다르지 않다고 주장한다. 국가수준에서는 국가 비전과 교육의 방향성에 적합한 교육과정을 개발하고, 교실수준에서는 학습자에게 적합한 교육과정을 개발하는 것이라고 볼 때, 교육과정 '재구성'보다는 교육과정 '개발'의 관점으로 확대된 시각에서 접근하여야 한다는 것이다. 그렇지만 일반적으로 우리는 교육과정 개발 주체에 따라 국가수준, 지역수준, 학교수준, 교실수준으로 교육과정을 구분한다. 이렇듯 개발 주체를 위계적 수준으로 접근하면 교사가 실행하는 교실수준 교육과정은 가장 아래 단계에 위치하게 된다. 그리고 '수준'이라는 단어가 가지는 어감과 의미 때문에 교실수준 교육과정은 위계상 가장 낮은 교육과정으로 받아들여지게 된다. 유아교육과정에서도 마찬가지로, 유아들에게 적합한 교실 교육과정으로 계획-실행-평가하는 일련의 과정을 교육과정 개발로 본다면 교실수준 교육과정 개발이라는 표현이 과연 적합할지에 대한 고민이 필요하다.

세 번째는 무엇을 기준으로 유아교육과정을 재구성하여야 하며, 평가를 할 수 있는지에 대한 쟁점이다. 고시된 국가수준 교육과정에서는 '국가수준 교육과정을 적절하게 재구성하여야 한다.'라는 커다란 원칙만 있기 때문에,[57] 교육과정 재구성을 판단하게 되는 주요한 기준은 교사의 자율적인 의사결정이 되었다. 보고된 바에 따르면 대체로 현장 교사들은 유아의 흥미에 따라 진행하고 있는 수업의 방향을 바꾸거나, 교사가 세운 계획을 수정함으로써 교실 교육과정을 재구성하는 것으로 보인다.[58][59] 이는 유아교육이 오랜 시간 동안 유아의 흥미에 기반한 교육과정을 강조하였기 때문이라고 볼 수 있다. 그렇지만 이러한 교육과정 재구성이 과연 유아에게 유의미한 과정이었는지에 대해 평가할 수 있는 방법에 대한 고민이 이어지지 못하였기 때문에, 이와 관련된 논의가 전개될 필요가 있다.

네 번째는 교육과정 재개념화(re-conceptualization) 입장에서 주장하는 쟁점이다. 이 관점에서는 국가수준 교육과정을 어떠한 시각으로 바라보느냐에 따라 교육과정의 '재'구성일 수도 있으며 반대로 아닐 수도 있다고 본다. 국가수준 교육과정을 바라보는 관점에는 국가수준 교육과정을 완성된 하나의 실체로 보는 관점과 해석 가능한 텍스트로 보는 관점이 있다. 전자는 국가수준 교육과정을 완성되어 주어진 교육과정으로 보는 반면, 후자는 국가수준 교육과정을 해석 가능한 문서로 인식한다. 이러한 측면에서 교육과정 재개념화 입장에서는 교사들이 국가수준 교육과정을 어떠한 관점으로 바라보는지부터 살펴보아야 하며, 교사의 관점에 따라 교육과정 재구성이라는 용어는 적합할 수도, 아닐 수도 있다고 주장한다.

종합하면 유아교육과정 재구성의 쟁점은 '교육내용과 교수 · 학습방법', '교육과정 수준과 재구성', '교육과정 재구성의 기준과 평가', '교육과정을 바라보는 시각'으로 구분된다. 따라서 본 절에서는 타 학교급과 구분되는 특징을 가진 유아교육과정에서 이 4가지 쟁점을 어떻게 논의할 수 있는지 고찰함으로써 '만들어가는 교육과정'의 의미를 살펴보고자 한다.

교육내용과 교수 · 학습방법

교육은 무엇을 다룰 것인지를 나타내는 교육내용(What)과 어떻게 배움을 안내할 것인지 제시하는 교수 · 학습방법(How)이 모두 중요하다. 그러나 유아교육에서는 발달심리학의 영향으로 발달에 적합한 교수 · 학습방법이 교육내용의 선정보다 더 중요하게 다뤄져 왔다. 이는 유아 중심 교수 · 학습방법을 환기시키는 데 도움이 되었지만 교육내용보다 방법에 집중하였다는 비판을 받기도 하였다.[60]

교육과정 재구성에서도 이와 유사하게 교수 · 학습방법을 통한 교육과정 재구성 사례가 많이 보고된다. 이를테면 전년도 교육과정을 올해 유아들에게 적용할 때, 교육과정의 내용은 동일하나 교수 · 학습방법을 다르게 적용하는 경우를 말한다. 동일연령 학급 교사들과 생활주제와 교육내용을 동일하게 실행해야 하는 제한된 조건이 있는 경우, 교사들은 반별로 교수 · 학습방법을 다르게 재구성하는 경우도 있다.[61] 교사용 지도서를 교과서로 오인하고 지도서의 활동을 그대로 다루되, 교수 · 학습방법을 학급 유아들에게 맞춰 조절하는 사례도 보고되고 있다.[62] 교사들이 교수 · 학습방법이라는 한정된 의미에서 교육과정 재구성을 하게 된 맥락을 살펴보면, 복합적인 원인이 있는 것으로 보인다. 교사 개인적인 측면에서는 국가수준 교육과정이 무엇인지 정확하게 인지하지 못하고 있기 때문이기도 하며, 만들어가는 교육과정을 위한 교사의 실천적 지식이 부족한 것에서도 원인을 찾을 수 있다. 외적인 측면에서는 도제식 문화하에 동일연령 학급에서는 같은 교육과정과 동일한 생활주제를 전개해야 하는 유아교육기관의 특성이 큰 것으로 보인다. 다음 사례에는 교사가 소극적인 측면에서 교수 · 학습방법의 재구성을 하게 된 맥락이 나타나 있다.

[사례 5]

"다른 선생님들이 저보다 나이도 더 있고, 경력이 있다 보니 저는 초임처럼 있었어요. 무엇인가 활동을 계획하거나 회의를 할 때에 저는 아직 머릿속에 뭔가 자리 잡힌 게 없으니까 더 자신이 없고, '이건 어때요? 저건 어때요?' 하고 의견을 냈을 때에도 다른 선생님들이 '이건 이래서 안 되고, 저건 저래서 안 되고…' 제가 느끼기에는 제 의견이 크게 반영되지는 못했던 것 같아요. 그리고 계획안 다 짜고 연령 주임 선생님께 검사를 받을 때에 별거 아닌 글씨 크기조차도 얘기하시니까 자신감도 많이 떨어지고, 속상하고, 어렵고…" (김교사, 인터뷰, 2018. 7. 12)

이후 김교사는 동일한 생활주제와 교육계획안을 실행해야 하는 제한된 조건에서 유아들의 발달과 성향을 고려하여 교수방법, 활동자료 등을 부분적으로 바꾸는 자율성을 발휘하게 되었다.*

* 이소정, 양지애 (2019). 유아교사의 교육과정 재구성 경험을 통해 알아본 자율성의 의미. 유아교육연구, 39(2), 565-592. 572-573쪽에서 발췌.

위의 사례를 보면 교육과정 재구성은 교사의 자율성에 기반함을 알 수 있다. 교사의 자율성이 제한되어 있으면 교사는 소극적 수준에서 교육과정 재구성을 할 수밖에 없게 된다. 물론 교수 · 학습방법을 재구성함으로써 교육과정 재구성을 하는 것이 잘못된 것은 아니다. 제5차, 제6차 유치원 교육과정 해설서에서도 교육과정 재구성을 위한 교수 · 학습방법을 직접적으로 제시하였듯이 교육과정 재구성과 교수 · 학습방법은 밀접한 관련이 있다. 그러나 교육과정 재구성을 교수 · 학습방법의 재구성으로만 한정시켜 보게 되면, 역으로 교육내용은 재구성 대상이 아니라는 해석이 되므로 교육내용은 '정해져 있는 것'으로 이해하게 된다. 교육내용을 재구성하지 못하는 상황에서 교수 · 학습방법만을 재구성하게 되면 소극적인 수준의 재구성에 멈춰 버린다. 그렇게 되면 교사가 교육과정 재구성에 대해 한정된 실천적 지식을 형성하게 될 우려가 있다.

그러므로 교사가 교육내용과 교수 · 학습방법 모두를 재구성할 수 있도록 유아교육기관에서도 교사의 자율성을 허용하는 문화를 조성하여야 한다. 특히 2019 개정 누리과정에서는 유아 · 놀이 중심 교육과정을 표방하였고 세부내용을 삭제함으로써 교육내용을 간략화하였다. 이는 학급에 적합하게 만들어가는 교육과정을 실행하기 위함이므로 유아교육기관에서는 교사의 자율성을 신장하는 문화를 조성하여야 할 것이다.

또한 국가수준 교육과정에서는 교육과정 재구성의 내용과 방법에 대해 구체적으로 명시하는 것이 필요하다. 이정욱(2019)은 국가수준 교육과정에서 제시하는 교육과정 재구성이 가능하도록 하기 위해서는 당위적이며 선언적인 형태를 넘어 실효성이 있어야 한다고 하였다.[63] 즉, 교육과정 재구성은 교육내용과 교수 · 학습방법을 포함한 넓은 영역에서 이뤄질 수 있기 때문에, 교사들에게 실제적인 도움이 될 수 있도록 국가수준 교육과정 문서에서부터 교육과정 재구성의 방법을 좀 더 구체적으로 제시할 필요가 있다.

종합하면 국가수준의 교육과정은 개별 유아교육기관의 지역적 특성이나 유아들의 맥락과 특수성을 반영할 수 없다. 유아교육기관의 교육과정은 기관의 철학과 상황에 적합하게 재구성되어야 한다. 교육과정의 잠재력을 드러내는 일은 교사의 전문적인 영역으로, 교수 · 학습방법의 변형에 한정하여 소극적으로 접근하는 것은 교육과정의 경직화를 초래할 위험성이 있다. 서경혜(2009)는 교육내용은 재구성하지 않은 채 교수 · 학습방법만을 다양화하는 수준으로 교육과정 재구성이 이뤄지고 있는 것은 국가 교육과정 개발자의 의도와 다르다고 비판한 바 있다.[64] 따라서 국가수준 교육과정에서는 교육내용과 방법을 포함한 교육과정 재구성에 대한 구체적인 설명을 제시하고, 교사는 능동적인 교육과정 실행자로서 교육과정을 재구성하여 운영해야 할 것이다. 이를 위해서는 교사 개인의 노력뿐만 아니라, 유아교육기관에서 교사의 자율성을 보장해주기 위한 노력도 수반되어야 한다.

교육과정 수준과 재구성

교육과정 재구성의 두 번째 쟁점은 국가수준 교육과정은 개발이고, 교사의 교실 교육과정은 교육과정 재구성으로 부르는 것이 적합한지에 대한 것이다. 교사는 국가수준 교육과정 문서에 대한 교사의 높은 해석력과 창의력을 바탕으로, 유아와 적극적으로 상호작용함으로써 학급에 적합한 교육과정으로 만들어나가야 한다. 그렇다면 이 과정은 교사의 교육과정 개발인가, 아니면 실행의 관점에서 이뤄지는 교육과정 재구성인가? 이러한 관점에서는 교사 교육과정이 교육과정 개발에 적합할지, 아니면 실행 관점에서의 재구성에 적합할지 살펴보아야 하는 논의의 필요성을 제기한다.

국가에서는 보편적이고 일반적인 기준을 제시함으로써 국가에 적합한 교육과정을 개발하고, 교사는 국가수준 교육과정에서 제시한 내용을 학급에 적합하게 조직하거나 그 이상의 내용을 첨가함으로써 새롭게 만들기도 한다.[65] 즉, 교사도 자신의 학급에 적합한 교육과정을 개발하고 설계하는 존재인 것이다. 그렇다면 이는 각 단계에서 이뤄지는 '교육과정 개발'로 보는 것이 더 적절하지 않을까? 국가수준 교육과정만이 개발이라는 표현을 쓸 수 있는 것인가? 이런 점에서 본다면 교실 교육과정 개발을 교육과정 재구성으로 표현하는 것은 현상을 구체적으로 이해하지 못하도록 하므로 적절한 용어를 제시하는 것이 필요하다는 주장이 제기된다.[66][67]

그러나 국가와 교사의 교육과정을 모두 교육과정 개발로 칭

한다면 혼란을 초래할 수 있다. 일반적으로 교육과정 개발은 국가수준 교육과정으로 한정시켜 이해하고 있기 때문이다. 또한 교육과정 실행의 관점으로 보면 교사의 교실 교육과정은 교육과정 재구성으로 볼 수 있다. 이러한 맥락에서 연구자들은 교사가 개발하는 교실 교육과정을 교실수준 교육과정이나 교사수준 교육과정이라는 표현으로 사용하였다. 유아교육에서 이에 대한 모형을 제시하면 다음과 같다.

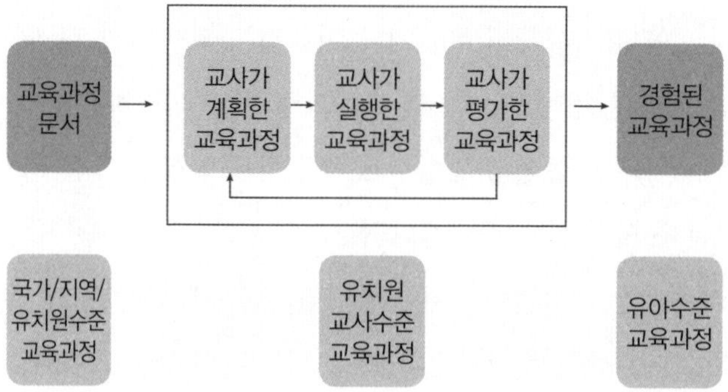

그림 2-1 교육과정 모형

※ 주: 이성희 (2011). 유치원 교사가 계획·실행·평가한 교육과정에 나타난 실천적 지식 분석. 이화여자대학교 박사학위논문. 19쪽에서 발췌.

위 모형에 따르면 국가/지역/유치원 수준에서 개발되는 교육과정 문서는 유치원 교사수준 교육과정으로 계획-실행-평가를 통해 이뤄지며, 유아에게는 경험된 교육과정으로 전개된다. 이 모형은 각 수준마다 교육과정이 어떻게 실행되는지 보여주는 장점이 있으나, 이때에는 위계에 따른 종속성의 문제가 제기된다. 수준이라는 단어가 갖는 위계성이 있기 때문이다. 교사수준 교육과정이라는 표현에는 국가수준보다 낮다는 의미가 내포되어 있다. 즉, 수준이라는 표현을 사용함으로써 국가의 교육과정 개발과 교사의 교육과정 개발이 근본적으로는 동일하다는 의미를 충분히 전달하지 못할 수 있다.

이러한 쟁점이 유아교육과정에서 중요한 이유는 유아교육에서는 유아의 흥미와 요구를 바탕으로 이에 적합한 교실수준 교육과정의 개발을 중요하게 여겨왔기 때문이다. 교사가 교실수준 교육과정을 유아의 흥미와 요구에 기반하여 계획하고 실행하며 그 생성의 과정에 초점을 맞출 때, 이는 교육과정 재구성보다는 교육과정 개발의 의미와 보다 가까울 수 있다. 특히 2019 개정 누리과정은 연령별 세부내용을 삭제하고 연령 간 공통내용으로 간략화되었다. 이는 교사들이 자율성에 기반하여 학급에 적합한 교육내용을 개발하여야 함을 뜻한다. 그러므로 교사의 교육과정 개발을 칭할 수 있는 적절한 용어에 대한 숙고가 필요하다.

요약하면 교사의 교실 교육과정 개발과 국가수준의 교육과정 개발이 근본적으로 다르지 않다면 국가수준은 개발이고 교사에게는 재구성이라는 표현을 사용하는 것이 적합한 것인지에 대한 고민이 필요하다. 국가수준 교육과정 개발은 교사의 교실 교육과정보다 먼저 개발되므로 절차상 우선하게 되지만, 국가수준 교육과정 개발과 교사의 교실 교육과정 개발은 모두 중요하다. 이러한 측면에서 교사의 교육과정 개발의 위상을 재정립할 필요가 있다.

교육과정 재구성의 기준과 평가

앞 절에서 살펴본 바와 같이 유치원 교육과정에서는 교육과정 재구성을 지속적으로 강조해왔다. 특히 각 지역사회와 유치원의 실정, 유아의 발달 수준, 유아의 요구 및 상황 등을 기반으로 만들어가는 교육과정을 할 것을 명시해왔다. 그렇지만 이 같은 표현들은 원론적이며 당위적인 측면이 있다. 따라서 현장 교사들은 만들어가는 교육과정을 해야 함을 알고는 있으나, 무엇을 기준으로 교육과정 재구성의 필요를 판단할 수 있는지 모호하게 느껴질 수 있다. 또한 교육과정 재구성을 하였더라도 이것이 과연 적합하였는지의 여부를 무엇으로 확인할 수 있는지에 대한 논의가 전개되지 못하였기 때문에, 교사들에게는 모호함이 가중되었을 것이라 보인다.

이러한 상황에서 유아교육에서는 오랜 시간 동안 유아의 흥미와 요구에 기반한 교육과정을 강조해 왔으며, 유아의 흥미를 배움의 순간으로 연결하는 것은 교사의 중요한 역할로 여겨왔다. 그 결과 교사들은 교육과정 재구성을 하여야 한다고 판단하게 되는 기준으로 유아의 흥미를 중요하게 인식하고 있는 것으로 보인다.

> [사례 6]
> 유아들의 흥미를 주로 고려하여 활동 평가를 반영한 계획을 실행한다. 계획안 작성 시 참조하여 나의 경험과 우리 반 아이들의 수준을 고려하여 아이들의 흥미와 수준과 연관된 수업계획을 한다. 이러한 계획을 한 수업을 하면 교

사도 유아도 즐겁고 행복한 것 같다. 서로를 위한 준비라고 보고 싶다.

작년에 흥미 있게 했던 기억을 회상해서 변형해서 그대로 하거나 반응이 다를 수 있는 것을 미리 고려해서 작년 아이들과의 성향을 파악해서 진행한다. 또 활동을 계획할 때 내가 오늘 했던 활동들의 단위활동끼리 서로 연계할 수 있는 것이 뭔가 생각해서 혹시나 연계 범위가 확장되는 것은 다음날 수업계획에 반영한다.

(B교사, 4차 면담, 2015. 02. 15)*

위의 사례를 보면 교사가 활동을 진행하는 과정에서 유아의 흥미가 어떠하였는지를 평가하고, 이를 반영하여 계획을 다시 세우는 재구성을 하고 있음을 볼 수 있다. 또한 작년에 흥미 있게 진행되었던 교실 교육과정을 올해 유아들에게 적합하게 재구성하는 것도 확인할 수 있다. 이는 교사가 교실 교육과정을 재구성할 때 유아의 반응과 흥미를 핵심적으로 보고 있음을 의미한다.

그렇지만 교육과정 재구성에서 흥미를 가장 중요한 요소로 볼 경우, 단순히 유희를 끌어내기 위해 심리적 흥미나 신체적 흥미에만 집중하는 한정된 이해를 나타낼 수 있다.[68] 손유희나 노래, 동화로 유아의 흥미를 유발하였지만 실제 활동을 하

* 임승렬, 정미라, 김연미 (2015). 어린이집 경력교사들의 수업계획 과정 들여다보기. 어린이미디어연구, 14(2), 73-104. 84-85쪽에서 발췌.

려고 할 때에는 유아가 흥미를 잃는 경우나 유아가 높은 흥미를 유지할 수 있도록 게임이나 신체활동에 집중하여 활동을 전개하는 경우 등이 해당된다.

> [사례 7]
> 제가 교육실습을 할 때였는데, 개구리의 성장과정에 대해서 다루는데 우리 반 선생님이 "실물이 제일 좋지만, 실물이 없기 때문에 그림 자료를 해서 뽑아 와서…"라고 하시는데 제가 그 앞말, '실물이 제일 좋겠지만…' 그 말에만 딱 꽂힌 거예요. 그래서 제가 시장에 가서 진짜 식용개구리를 산 거예요. 황소개구리를 사서 플라스틱 통에 넣어서 들고 간 거예요. 근데 문제는 제가 그걸 못 만지겠는 거예요. 준비는 했는데…. 그때 제가 애들한테 무슨 얘길 했고, 애들에게 무엇을 보여줬고 그런 건 하나도 기억에 안 남는데 여자애들이 소리 지르고 팔짝 팔짝 뛰고… 개구리가 통 안에서 펄쩍 뛰니까 애들이 소리 막 지르고 그런 것들이 굉장히 기억에 많이 남더라고요.
>
> (타 교사, 1차 개별면담, 2017. 3. 29)*

위의 사례에서 나타나는 바와 같이 현장의 교사들은 유아의 흥미를 유발하기 위하여 실생활 소재나 실물을 바탕으로 한 교육과정을 강조하는 경향이 있다. 그러나 듀이는 유아의 흥미가 교과의 내용과 유의미하게 연결되는 교과의 심리화를 강

* 허정민, 이진희 (2019). 유아교육활동에서 드러나는 교사들의 '흥미' 개념에 대한 고찰. 열린유아교육연구, 24(1), 315-342. 326쪽에서 발췌.

조하였다.[69] 유아의 경험이 교사의 상호작용을 바탕으로 지속적으로 확장되어 나아가는 것은 경험의 연속적인 측면에서 매우 중요하다. 교육과정 재구성을 유아에게 유의미한 교육적 경험이 이어져 나가는 것으로 이해한다면, 유아의 흥미를 바탕으로 한 질 높은 교육과정의 연속적 과정으로도 볼 수 있다.[70] 그러므로 교육과정 재구성이 유아의 흥미에 기반하는 것은 중요하지만, 교육적 목적 없이 단순히 일회적 흥미에 그치는 교육과정 재구성은 아니었는지 돌아볼 필요가 있다. 또한 심리적, 신체적 흥미를 유발함으로써 유아의 즐거움 여부에 기대어 교육과정 재구성의 적절성을 판단하는 것은 바람직하다고 보기 어렵다. 교사는 유아의 흥미를 수동적으로 따라가는 존재가 아니라, 유아의 흥미가 교육적 순간으로 확장될 수 있도록 교육과정의 주체적인 실행자가 되어야 할 것이다.

2019 개정 누리과정에서는 유아의 흥미와 놀이를 바탕으로 교육과정이 실행되어야 함을 강조하고 있다. 그렇지만 유아의 모든 흥미가 배움의 순간으로 확장될 수 있는 것은 아니다. 그러므로 앞으로 이어질 과제는 바람직한 교육과정 재구성을 위해 유아의 흥미를 어떻게 바라보아야 하는지, 교육과정 재구성에서 흥미뿐만 아니라 중요하게 고려할 것은 무엇일지에 대한 고민이 될 것이다. 교육과정 재구성이 당위적인 수준에 머무르지 않기 위해서는 적합한 교육과정 재구성이 무엇인지를 판단할 수 있는 기준에 대한 논의도 이어져야 할 것이다.

교육과정을 바라보는 시각

국가수준 교육과정을 바라보는 관점에는 국가수준 교육과정을 완성된 하나의 실체로 보는 관점과 해석 가능한 텍스트로 보는 관점이 있다. 전자를 실체관, 후자를 텍스트관이라고 할 때, 실체관은 국가수준 교육과정을 완성되어 주어진 교육과정으로 본다. 반면, 텍스트관은 국가수준 교육과정을 고정된 실체로 보지 않기 때문에 다양한 해석을 시도하게 된다. 텍스트관에서는 주어진 교육과정을 '재'구성하는 것이 아니라, 교육과정을 실행하는 과정 자체에 집중하게 되므로 이때는 교육과정 재구성이라는 표현이 적절하지 않다. 이러한 측면에서 교육과정 재개념화 입장에서는 교육과정 재구성이라는 용어의 적절성에 의문을 던지는 한편, 교사들이 국가수준 교육과정을 어떠한 관점으로 바라보는지부터 살펴보아야 한다고 주장한다.

서경혜(2009)는 교육과정 재구성의 대상이 국가수준 교육과정이라고 하였다.[71] 그렇다면 교사들은 국가수준 교육과정을 완성된 교육과정으로 볼 것인가, 해석 가능한 텍스트로 볼 것인가? 실체관에서 국가수준 교육과정은 이미 완성된 교육과정이기 때문에, 실체관을 가진 교사는 국가수준 교육과정에 부분적인 수정과 변형을 시도한다. 그러므로 실체관의 관점에서 이뤄지는 교육과정 실행은 교육과정 재구성이라는 표현이 가능하다.

반면, 국가수준 교육과정을 텍스트관으로 바라보는 교사에게는 교육과정 재구성이라는 표현이 성립되지 않는다. 왜냐하면 이러한 교사들은 교육과정은 고정된 실체가 아니며, 문서화된 텍스트로 존재한다고 보기 때문이다. 즉, 텍스트관에서 보면 절대불변의 가치를 지니고 있어 우리가 현실에 적합하게 재구성해야 하는 교육과정은 존재하지 않는다. 오로지 해석의 대상으로 존재할 뿐이다. 텍스트관을 가진 교사들에게 국가수준 교육과정은 교사의 해석을 요하는 문서 중 하나이다. 교사들이 국가수준 교육과정을 텍스트관에서 바라보게 되면, 국가수준 교육과정을 읽고 이해하여 자신의 학급에 적합한 교육과정으로 만들기 위해 노력하게 된다. 그러므로 텍스트관으로 국가수준 교육과정을 인식하는 경우에는 교육과정 재구성이 아닌 교육과정 실행 자체로 보아야 할 것이다. 이때 교사는 주체적인 교육과정 실행자로 존재하게 된다. 이러한 측면을 고려하였을 때, 교사들은 국가수준 교육과정을 절대적인 성전으로 바라보는 것이 아니라, 해석 가능한 텍스트로 이해하는 것이 보다 바람직하다고 할 수 있다.[72]

중요한 점은 교사들이 텍스트관으로 국가수준 교육과정을 바라보기 위해서는 교육과정 문해력을 길러야 하며, 교육과정 문서를 해석하는 과정이 순환적으로 이루어져야 한다는 것이다. 벤-프레츠(Ben-Peretz)는 교육과정 해석을 객관적 해석과 주관적 해석으로 제시하였다.[73] 객관적 해석은 국가수준 교육과정 개발자의 의도를 이해하는 것이며, 주관적 해석은 교사의 자율적 의미 구성을 의미한다. 교육과정 해석은 객관적 해석과 주관적 해석 어느 한 차원에서만 이뤄지는 것이 아니라 두 차원에서 함께 이뤄져야 한다. 우리나라처럼 국가수준에서 교육과정을 개발하는 체제에서는 객관적 해석을 바탕으로, 교사 개인의 경험과 지식에 기반한 주관적 해석이 필요하다.[74] 교사는 국가수준 교육과정을 객관적, 주관적으로 해석하는 경험을 통해 교실에 적합한 교육과정을 만들어야 하므로, 국가수준 교육과정 문서를 해석하여 실행하는 순환적인 과정을 지속적으로 가져야 한다. 이를 위해서는 교육과정 문해력이 필요하다. 그러나 교사들이 교육과정 문해력을 길러야 한다고 주장해온 것에 비해 교육과정 문해력이 무엇이며 이를 어떻게 신장시킬 수 있는지에 대한 고민은 부족하므로 이와 관련된 연구들이 이루어져야 할 필요가 있다.

본 절에서는 '교육내용과 교수 · 학습방법', '교육과정 수준과 재구성', '교육과정 재구성의 기준과 평가', '교육과정을 바라보는 시각'과 관련하여 교육과정 재구성에 대한 쟁점을 살펴보았다. 이들 쟁점의 핵심은 교사가 교육과정 재구성 과정에서 적극적이며 능동적인 실행자로 존재하여야 한다는 점이다. 이는 교사가 주체적으로 교육과정을 바라보고 실행하여야 함을 의미한다. 교육과정 재구성이 교사의 자율성에 기반하며 교사의 이해와 해석을 바탕으로 한다는 점에서, 교사의 능동적인 측면은 더욱 강조될 것이다.

닫는 글

교육과정 재구성은 '만들어가는 교육과정'을 표방해 온 유아교육에서 중요한 쟁점이다. 본 장에서는 교육과정 실행 관점과 관련하여 유아교육과정의 재구성을 살펴보았다. 유아교육과정은 교과교육과정이 아니라 통합교육과정을 지향하고 교과서 없이 교사가 자율적으로 교육과정을 운영할 것을 요구한다. 이런 점에서 타 학교급과 동일한 시각으로 교육과정 실행관점에 근거하여 유아교육과정 재구성을 설명하는 것이 적합한지 살펴보았다. 앞으로는 충실 관점에서 유아교육과정의 재구성을 어떻게 바라보아야 할지 숙고하는 과정과 함께, 만들어가는 교육과정의 의미에 대한 논의가 전개되어야 할 것이다.

다음으로 국가수준 유아교육과정에서 교육과정 재구성을 어떻게 명시하고 있는지 살펴보았다. 제1차 유치원 교육과정에서는 '교육과정 재구성'이란 용어를 사용하여 의무규정으로 교육과정 재구성을 명시하였다. 제2차 유치원 교육과정부터 개정 누리과정까지는 '자율성', '융통성', '조정', '교원의 전문성', '함께 실현해가는' 등과 같은 표현을 사용하며, 교육과정 재구성에 대한 교사의 해석을 요구하였다. 이는 교사가 국가수준 교육과정 문서를 어떻게 이해하느냐에 따라 교육과정 재구성의 모습은 다양할 수 있음을 시사한다. 또한 교육과정 재구성은 교육과정의 성격, 교육과정 편성 · 운영, 교수 · 학습방법, 지도상의 유의점과 같이 여러 범주에서 제시되어 왔다. 이는 교육과정 재구성이 단순히 어느 한 영역에서만 이뤄지는 것이 아니라 교육과정 전반에 걸쳐 중요하게 일어날 수 있음을 의미하는 것이다. 그러므로 국가수준 교육과정 문서를 바탕으로 현장의 교사들이 '만들어가는 교육과정'을 구현하기 위해서는 국가수준 교육과정의 재구성에 대한 구체적인 설명과 사례가 제시되고 교사들이 교육과정 문해력을 기를 수 있도록 도와야 한다. 교사들은 국가수준 교육과정이 무엇인지에 대해서부터 혼란을 겪고 있는 것으로 보이므로, 국가수준 교육과정이 법적으로 고시된 문서임을 이해할 수 있도록 돕는 과정이 선행되어야 할 것이다. 또한 만들어가는 교육과정을 위해 교사마다 어떠한 시도를 하였는지 사례를 공유하는 교사 공동체를 통한 성장을 격려할 필요가 있다.

마지막으로 타 학교급의 재구성 쟁점에 기초하여, 유아교육과정 재구성 쟁점에 대해 논의하였다. 유아교육에서 유아의 경험, 흥미를 바탕으로 '만들어가는 교육과정'을 구성하는 것은 너무 당위적인 사항이라 유아교육과정의 재구성에 대한 심도 있는 논의가 이뤄지지 않았다. 그러나 유아교육에서 교육과정 재구성의 대상은 무엇이며, 교수 · 학습방법에 국한하여 교육과정 재구성을 해왔던 것은 아닌지, 교육과정 재구성이라는 표현이 적합한지, 교육과정 재구성의 기준과 평가는 어떠하여야 하는지, 교육과정을 바라보는 시각과 관점에 변화가 필요하지는 않는지 등을 주요 쟁점으로 숙고할 필요가 있다. 핵심은 교사가 능동적인 교육과정 실행자로 존재하여야 한다는 점이다. 이를 위해서는 교사의 자율성이 확보되어야 하며,

교사의 적극적인 실행을 격려하여야 한다. 특히 2019 개정 누리과정은 교사의 자율성에 기반한 교육과정 실행을 강조하고 있다. 바람직한 교육과정 자율성을 위해 교사는 교육과정을 주체적으로 바라보고 해석함과 동시에, 자신의 실행에 대해 반성적으로 사고할 수 있어야 할 것이다.

교육과정 재구성은 교사의 교육과정 문해력이자 전문성이며, 실천적인 특성을 지니고 있다. '교육과정이 교사이고, 교사가 곧 교육과정이다.'[75]라는 말처럼 교사들은 '만들어가는 교육과정'을 위해 능동적인 실행 연구자가 되어야 할 것이다. 궁극적으로는 교사, 유아, 교사 공동체와 기관장, 학부모, 지역사회 모두가 적극적으로 만들어가는 교육과정을 향해 노력해야 할 것이다.

생각해 봅시다

1. 내가 실천한 교육과정 재구성 경험을 떠올려 봅시다. 교육과정을 재구성할 때 어려웠던 점이 있다면 무엇입니까? 교육과정 재구성을 어렵게 만드는 개인적 요인, 사회적 요인을 토론해 봅시다.

2. 유아교육분야에서 '교육과정 재구성'이라는 용어 대신 더 적합하게 사용할 수 있는 용어가 무엇인지에 대해 토론해 봅시다.

한 번 더 읽어볼 만한 책

1. 곽향림 (2015). **구성주의 유아교육 교수학습법.** 고양: 공동체.

2. Seller, M. (2018). **어린이의 교육과정 되기** [*Young children becoming curriculum*]. (손유진, 안효진, 유혜령, 윤은주, 이경화, 이연선, 이진희, 임부연, 전가일, 한선아 역). 서울: 창지사.

참고 문헌

1) 김윤희, 황해익 (2015). 누리과정 이해와 실행에서 나타난 공립유치원 교사의 실천적 지식 탐색. **유아교육학논집, 19**(4), 339-364.

2) 최윤경 (2018). 내러티브를 통한 교육과정 재구성의 의미탐구: 유아교사들의 이야기를 중심으로. 부산대학교 교육대학원 석사학위논문.

3) 김대현, 김석우 (2018). **교육과정 및 교육평가.** 서울: 학지사.

4) 오채선 (2018). 자율성으로 본 유아교육과정 재설계. **유아교육연구, 38**(4), 415-443.

5) 조부경, 서현정, 김명희 (2020). 국가수준 교육과정의 의미와 누리과정 발전 방향에 대한 성찰. **유아교육연구, 40**(1), 185-213.

6) Snyder, J., Bolin, F., & Zumwalt, K. (1992). Curriculum Implementation, In Philip W. Jackson(ed.) *Handbook of research on curriculum*(pp. 402-435). New York: Macmillan Publishing Co.

7) 서경혜 (2016). 교육과정 재구성 논쟁. **교육과정연구, 34**(3), 209-235.

8) 이윤미, 조상윤, 정광순 (2015). 교육과정 실행 관점 국내 연구에 대한 문제제기. **교육과정연구, 33**(3), 79-100.

9) 김영옥 (2019). 유아 중심 관점의 국가수준 유아교육과정에 대한 사유. **유아교육연구, 39**(2), 235-253.

10) 5)와 동일

11) 7)과 동일

12) 7)과 동일

13) 이윤미, 정광순 (2015). 초등교사의 교육과정 실행 경험으로 본 교육과정 실행 관점과 의미. **교육과정연구, 33**(4), 65-89.

14) 13)과 동일

15) 서경혜 (2009). 교사들의 교육과정 재구성 실천 경험에 대한 사례연구. **교육과정연구, 27**(3), 159-189.

16) 강현석 (2012). 내러티브에 기반한 교육과정 설계 원리 탐구. **교육철학, 48**, 183-215.

17) 8)과 동일

18) 8)과 동일

19) 이정욱 (2019). 누리과정 개정안의 주요 특징 및 쟁점 분석. **유아교육연구, 39**(2), 255-277.

20) 문교부(1979). **제2차 유치원교육과정.** 문교부 고시 제424호.

21) 곽향림 (2019). 누리과정에 따른 단위유치원 교육과정설계: 교사와 유아가 함께 만들어가는 교육과정. **유아교육연구, 39**(2), 333-359.

22) 21)과 동일
23) 21)과 동일
24) 7)과 동일
25) 15)와 동일
26) 곽향림 (2015). **구성주의 유아교육 교수학습법.** 고양: 공동체.
27) 이정금, 임부연 (2018). 교사의 상상력을 통한 유아교육과정 재구성 과정에 관한 연구. **유아교육연구, 38**(1), 137-165.
28) 이정금 (2017). 교사의 상상력을 통한 유아교육과정 재구성 과정 연구. 부산대학교 대학원 박사학위논문.
29) 정광순 (2012). 교사의 교육과정에 대한 문해력. **통합교육과정연구, 6**(2), 109-132.
30) 문교부 (1969). **제1차 유치원 교육과정.** 문교부령 제207호.
31) 김현규 (2015). 국가교육과정 문서 안에서의 '교육과정 재구성' 용어의 의미 연역. **통합교육과정연구, 9**(3), 55-82.
32) 20)과 동일
33) 문교부 (1981). **제3차 유치원 교육과정.** 문교부 고시 제422호.
34) 문교부 (1987). **제4차 유치원 교육과정.** 문교부 고시 제87-9호.
35) 7)과 동일
36) 문교부 (1987). **제4차 유치원 교육과정 해설서.** 문교부 고시 제87-9호.
37) 교육부 (2000). **교육 50년사: 1948-1988.** 서울: 교육부.
38) 교육부 (1992). **제5차 유치원 교육과정.** 교육부 고시 제1992-15호.
39) 교육부 (1992). **제5차 유치원 교육과정 해설서.** 교육부 고시 제1992-15호.
40) 김규수 (2012). 유아교육과정 자율화의 과제와 전망. **유아교육연구, 32**(5), 395-413.
41) 교육부 (1998). **제6차 유치원 교육과정.** 교육부 고시 제1998-10호.
42) 교육부 (1998). **제6차 유치원 교육과정 해설서.**
43) 교육인적자원부 (2007). **2007 개정 유치원 교육과정.** 개정 고시 제2007-153호.
44) 40)과 동일
45) 교육과학기술부 (2012). **3-5세 연령별 누리과정.** 교육과학기술부 고시 제2012-16호.
46) 교육과학기술부, 보건복지부 (2012). **3-5세 연령별 누리과정 해설서.**
47) 김윤희 (2014). 유아교사들의 '5세 누리과정' 이해와 실행. 부산대학교 대학원 박사학위논문.
48) 이경화 (2018). 영유아교육기관 평가의 현실과 개선방향 탐색. **생태유아교육연구, 17**(1), 49-73.
49) 2)와 동일
50) 교육부 (2019). **2019 개정 누리과정.** 교육부 고시 제2019-189호.
51) 교육부, 보건복지부 (2019). **2019 개정 누리과정 해설서.**
52) 이한영 (2007). 좋은 수업 사례에서 나타난 교사의 교육과정 재구성 쟁점 분석. 이화여자대학교 대학원 석사학위논문.
53) 양재영 (2006). 사회과 교육과정 재구성 관점에 관한 연구: '정향' 개념을 중심으로. 한국교원대학교 대학원 석사학위논문.

54) 이영선 (2015). 교육과정 재구성에 관한 쟁점 및 과제 고찰. 한국교원대학교 대학원 석사학위논문.

55) 김대영, 우옥희 (2018). 4차 산업혁명 시대를 대비한 교육과정 재구성 담론의 재구성. **한국융합학회논문지, 9**(6), 9–16.

56) 이소정, 양지애 (2019). 유아교사의 교육과정 재구성 경험을 통해 알아본 자율성의 의미. **유아교육연구, 39**(2), 565–592.

57) 52)와 동일

58) 임승렬, 정미라, 김연미 (2015). 어린이집 경력교사들의 수업계획 과정 들여다보기. **어린이미디어연구, 14**(2), 73–104.

59) 허정민, 이진희 (2019). 유아교육활동에서 드러나는 교사들의 '흥미' 개념에 대한 고찰. **열린유아교육연구, 24**(1), 315–342.

60) 26)과 동일

61) 56)과 동일

62) 김은주, 이정은 (2013). 일일교육계획안의 작성 및 활용에 관한 유치원 교사의 인식연구. **교사교육연구, 52**(3), 443–463.

63) 19)와 동일

64) 15)와 동일

65) 곽향림 (2012). 유아발달에 적합한 생물과학내용지식을 선정하기 위한 구성주의 교사의 노력. **유아교육연구, 32**(4), 137–160.

66) 7)과 동일

67) 31)과 동일

68) 59)와 동일

69) 류미향, 임부연 (2010). Dewey의 "교과의 심리화"의 교실에서의 "구현"에 관한 탐구: 유아교육을 중심으로. **교육과정연구, 28**(3), 147–166.

70) 박은경 (2018). 듀이의 경험 이론이 교육과정 재구성 논의에 주는 시사. 한국교원대학교 대학원 석사학위논문.

71) 15)와 동일

72) 서명석 (2011). 교육과정 재구성의 개념적 애매성과 모호성 비판. **교육과정연구, 29**(3), 75–91.

73) Ben-Peretz, M. (1990). *Teacher-curriculum encounter: the freeing teachers from the tyranny of texts*. Albany: Suny Press.

74) 54)와 동일

75) 1)과 동일

CHAPTER

3

유·초 교육과정 연계

유 · 초

교육과정

연계

여는 글

유치원에서 초등학교로 전이되는 시점은 유아들에게는 매우 중요한 삶의 순간[1]이자 피할 수 없는 순간이다. 유아교육기관에서 초등학교라는 큰 틀(frame)은 변화하였지만, 교육단계를 걷는 것은 여전히 동일한 유아이다.[2] 유치원 유아와 초등학교 저학년 유아 간의 발달적 유사성에 비해 두 학교급에서 제공하는 경험의 차이가 너무 크다. 그러므로 유아교육기관에서 초등학교로 원활한 전이(smooth transition)를 하는 것은 매우 중요하다. 유아교육기관에서 초등학교로의 원활한 전이는 유아들의 초등학교 생활 적응을 돕고, 학업성취를 향상시키며 나아가 사회적인 성공에까지 영향을 미친다.[3][4][5][6]

유 · 초연계교육의 핵심 쟁점 중 하나는 유 · 초연계에 대한 개념을 어떻게 바라보고 접근하느냐이다. 유 · 초연계에 대한 개념은 협의의 개념인 전이(transition)와 광의의 개념인 계속성

(continuity)으로 구분된다.[7] 전이는 가정에서 유치원, 유치원에서 초등학교로 가는 단계에서의 교류활동을 의미하며, 계속성은 영아기부터 초등학교에 이르기까지의 모든 교육에서 유사하거나 동일한 원리가 적용되는 것이다.[8] 유치원 현장에서는 졸업을 앞둔 1~2월에 '초등학교에 가면'을 생활주제로 하여 초등학교 교실처럼 꾸미기, 알림장 쓰기, 책가방 싸기 등의 전이활동 또는 초등학교 견학, 초등학교 행사 참여 등의 단순 교류활동, 받아쓰기, 학습지 풀기 등의 선행학습지도 등 다양한 형태로 유·초연계교육이 이루어지고 있다.[9][10] 이는 유·초연계교육을 협의의 개념인 전이로 접근한 것이다. 이러한 활동들은 초등학교의 생활을 미리 경험해보는 차원에서 익숙함을 줄 수 있다. 그러나 '예비초등학생'이라는 타이틀을 달고 다시 돌아올 수 없는 유치원에서의 마지막 시간을 초등학교에 대한 준비과정으로 허비하기도 한다. 그래서 정작 함께 지낸 친구들과 선생님과의 추억을 되돌아보고 헤어짐을 준비하는 시간은 소홀해지기도 한다.

윤은주(2010)[11]는 'beyond transition'이라는 용어를 사용하여, 유·초연계는 접합점에서 교육단계 간의 차이 감소에 중점을 두기보다는 좋은 교육을 지속하기 위한 계속성의 차원에서 논의해야 한다고 보았다. 이는 듀이가 교육을 '경험의 끊임없는 재조직 또는 재구성'이라는 개념으로 바라본 것과 방향을 같이 한다. OECD도 유아교육에서 초등교육으로의 원활한 전이는 유아의 지속적인 성장과 발달을 위해 매우 중요[12]하며, 원활한 전이를 위해서는 계속성이 중요하다고 보았다.[13] 이렇듯 유 · 초연계교육은 유치원과 초등학교 간의 차이를 줄이는 것이 아니라 좋은 교육을 지속시키는, 교육의 계속성 차원으로 접근할 필요가 있다.

유 · 초연계교육의 핵심 쟁점 중 하나는 학습자인 유아와 학습제공자인 유아교육기관과 초등학교 중 누가 준비되어야 하느냐이다. 유치원 현장에서 이루어지고 있는 다수의 유 · 초연계 활동은 유아가 초등학교에 적응하기 위해 준비되어야 한다는 관점에서 이루어진 활동이다. 그리고 제5차 초등학교 교육과정부터 2007 개정 초등학교 교육과정까지 지속된 '우리들은 1학년' 역시 유아가 초등학교 생활에 원활하게 적응하기 위해 배워야 할 내용이 담겨 있다. 이렇듯 오랜 기간 동안 유 · 초연계교육은 유아들이 교육기관에 적합하게 준비(children ready for school)되어야 한다는 성인 중심의 시각에서 접근되어왔다.[14] 최근 들어 학습자인 유아의 시각에서 유치원에서 초등학교로 전이하는 과정에서 겪는 경험을 살펴보는 연구들이 등장하였다.[15][16][17][18][19][20] 유아는 유치원에서 초등학교로 전이하는 과정에서 유치원과 초등학교의 차이를 인지하고, 스스로를 변화시켜 초등학생이 되어가는 능동적인 존재이다. 유아가 초등학생이 되어가는 과정을 지원하기 위해서 학교가 유아를 위해 준비(schools ready for children)된다면 훨씬 더 원활하게 전이할 수 있을 것이다.[21][22] 이를 위해서는 유아를 둘러싼 교사, 학부모, 교육기관, 국가 등이 모두 준비되어야 한다.[23] 또한 경험의 계속성 측면에서 본다면 교육내용뿐 아니라 교육환경, 교수 · 학습방법, 일과운영 등 다양한 측면에서 유 · 초연계가 이루어져야 한다. 그럼에도 불구하고 일차적으로 연계를 이루는 제반 요소 중 가장 필수적이고 기본이 되어야 하는 요소는 교육과정의 연계이다.[24] 특히 우리나라는 국가수준에서 교육과정이 개발되는 하향식의 체제이기 때문에 국가수준 교육과정에서 유 · 초연계를 어떻게 명시하고 있는지의 여부가 실제 교육현장에서 유 · 초연계를 실현하는 데 있어 중요한 단초가 된다.

본 장에서는 유 · 초연계의 쟁점에 기초하여 국외와 국내의 유 · 초 교육과정 연계에 대해 살펴보고자 한다. 특히 국내의 경우 국가수준, 지역수준, 단위학교(유치원) 수준으로 구분하여 유 · 초 교육과정의 연계가 어떻게 편성 · 운영되었는지 살펴보고, 이를 통해 교육과정의 계속성을 구현하기 위한 우리나라 교육과정의 개선 방향에 대해 살펴보고자 한다.

국외의 유아교육과정과 초등학교 교육과정

최근 OECD에서는 Starting Strong V[25]의 주제로서 '전이(transition)'를 선정하여 유 · 초연계교육을 강조하고 있다. 유아교육기관에서 초등학교로의 전이는 모든 유아들이 겪는 단계로서 이 단계를 원활하게 지나가기 위해서는 유아 중심적으로 잘 준비되어야 한다. 이때 적절하게 연계된 교육과정과 숙련된 교사와 직원들의 협력은 필수적이다. 지난 10여 년 동안 많은 국가들에서 전이에 대한 정책을 의제로 삼았지만 실제로 이에 대한 연구는 거의 이루어지지 않았다. 이에 OECD에서는 OECD 30개국과 파트너국의 전이 관련 정책 과제와 과제를 해결하기 위한 전략들을 살펴보았다. 그 결과, 유·초연계 교육은 유아교육과 보육(이하 ECEC), 초등학교 간의 초기 적응에만 한정되기보다는 전문적이고, 교육적이며 발달의 연속성을 보장하기 위한 정책과 전략에 초점을 맞추었다는 것이 특징적이다.

OECD 국가별 영유아를 위한 국가수준의 교육과정(ECEC) 운영체제를 살펴보면 **표 3-1** 과 같다.

표 3-1 OECD 국가별 ECEC 교육과정과 초등학교 교육과정

<table>
<tr><th rowspan="3">ECEC와 초등교육을 포함하는 교육과정 프레임워크 유형</th><th colspan="3">교육과정 유형</th><th rowspan="3">국가/관할구역</th></tr>
<tr><th colspan="2">ISCED 0</th><th rowspan="2">ISCED 1 (primary education)</th></tr>
<tr><th>ISCED 01 (ECEC)</th><th>ISCED 02 (pre–primary education)</th></tr>
<tr><td rowspan="2">ISCED 02에서 ISCED 1로의 전이가 최소한 하나는 포함된 교육과정 프레임워크/문서가 존재</td><td colspan="3">ECEC와 초등교육을 위한 교육과정</td><td rowspan="2">(N=25)
캐나다(알바타주 외), 독일(함부르크 외), 아일랜드, 룩셈부르크, 폴란드 등</td></tr>
<tr><td colspan="2">일부 지역에서 0세 또는 3/4/5세부터 시행 중인 추가적인 ECEC 교육과정 또는 첨부자료</td><td>초등 교육과정</td></tr>
<tr><td>최소한 ECEC(ISCED 02) 마지막 해와 초등학교(ISCED 1) 첫해가 포함된 단일 교육과정</td><td>ISCED 01을 위한 다양한 ECEC 교육과정 없음</td><td colspan="2">최소한 ECEC 마지막 해를 위한 교육과정과 초등학교 첫 해를 위한 교육과정</td><td>(N=9)
캐나다(뉴브런즈윅주, 프린스에드워드아일랜드주), 이탈리아, 네덜란드, 뉴질랜드, 스웨덴, 스위스, 영국(스코틀랜드, 웨일스)</td></tr>
</table>

ISCED 01과 02를 위한 ECEC 통합 교육과정	ECEC 교육과정		초등 교육과정	(N=18) 호주, 오스트리아, 벨기에(불어권), 칠레, 콜롬비아, 덴마크, 핀란드, 프랑스, 독일(베를린주, 브레멘주, 니더작센주, 자를란트 주), 헝가리, 멕시코, 노르웨이, 슬로베니아, 영국(잉글랜드)
ECEC 교육과정이 보육(ISCED 01)과 유아교육(ISCED 02)으로 분리	보육을 위한 ECEC 교육과정	ECEC 교육과정	초등 교육과정	(N=6) 한국, 벨기에(네덜란드어권), 캐나다(서스캐처원주, 퀘백주), 일본
ISCED 02를 위한 ECEC 교육과정	ECEC 교육과정 없음	ECEC 교육과정	초등 교육과정	(N=5) 체코공화국, 그리스, 포르투갈, 슬로바키아, 스페인

※ 주: OECD (2017). *Starting strong V: transitions from early childhood education and care to primary education*, 157–158쪽 중 일부 수정 발췌.

우리나라와 같이 ISCED 01(0~3세 미만)과 ISCED 02(3세 이상~초등학교 입학 전)를 위한 ECEC 교육과정, 초등학교 교육과정이 분리된 운영체제를 가진 나라에서부터 ECEC 교육과정과 초등학교 교육과정이 통합된 운영체제를 가진 나라까지 다양하다. 각 국가별로 ECEC 교육과정과 초등학교 교육과정의 운영체제는 다양하지만 두 교육과정을 연계하려는 움직임은 공통적인 추세이다.

국외의 ECEC 교육과정과 초등학교 교육과정의 연계

ISCED 0단계와 ISCED 1단계가 분리된 교육과정을 가진 우리나라, 일본 등과는 달리 ISCED 0단계부터 이후 단계까지 전체 또는 일부 연령이 통합된 교육과정을 가진 국가들이 있다. 대표적으로 만 3~18세를 대상으로 하는 스코틀랜드의 'Curriculum for Excellence'와 폴란드의 'Core Curriculum for Preschool and General Education in Individual Types of Schools', 만 3~14세를 대상으로 하는 이탈리아의 'National Curicular Guidelines for Preschool and for the First Cycle of Education', 만 0~12세를 대상으로 하는 룩셈부르크의 'National Framework for Non-formal Education of Children and Young People' 등이 있다. 본 절에서는 ISCED 0단계부터 이후 단계까지 통합된 교육과정을 가진 국가들의 예로 스코틀랜드, 호주 빅토리아주와 교육과정 문서에 유·초연계에 대한 내용영역을 별도로 제시하고 있는 홍콩의 사례를 살펴보고자 한다.

스코틀랜드

ISCED 02단계부터 이후 단계까지 통합된 교육과정을 가진 가장 대표적인 국가는 스코틀랜드이다. 스코틀랜드의 교육과정인 'Curriculum for Excellence(이하 CfE)'[26]는 과학기술, 경제, 사회변화에 따른 학생 능력 개발의 필요성에 의해 대규모 국가 교육과정 개정 작업을 통해 개발되었고, 2010년부터 학교 현장에 적용되고 있다. 이전의 스코틀랜드 교육과정과 달리 CfE는 전연령에 걸쳐 교육의 비전을 공유하고 학생 발달 단계에 따른 교육과정의 연계성과 일관성을 확보하기 위해 만 3~18세를 대상으로 한 단일 교육과정이다.[27] 개발과정을 살펴보면 우선 만 3~15세 교육과정이 먼저 개발되었고, 이후 만 15~18세 교육과정이 국가자격 체계와 연계하여 개발되었다.

CfE는 학습이 진행되는 과정을 일련의 발달적 연속선으로 간주하며, Early Level부터 Senior Phase까지 총 5수준으로 구분하고 있다. 이 중 Early Level은 ISCED 02단계, P1~P4는 First Level, P5~P7는 Second Level, S1~S3는 Third/Fourth Level, S4~S6는 Senior Phases이다.

CfE는 총론, 교과교육과정, 실행을 위한 다섯 편의 가이드라인 문서들(Building the Curriculum Series)로 구성되어 있다. 교과교육과정은 'Expressive arts, Health and well-being, Languages, Mathematics, Religious and moral studies, Science, Social studies, Technologies'로 이루어졌다.[28] 또한 교과교육과정의 성취기준은 학습자를 교육과정의 중심에 놓는다는 방침에 의해 학생의 시점에서 진술되었다. 그리고 전 연령에 동일한 교육내용이 적용되나 만 3~15세 교육과정의 다섯 단계(초기~4단계)에 따라 지식, 기능, 수행활동이 점차적으로 심화·확장하는 형태로 개발되었다.[29] 역량은 사람이 성장함에 따라 그리고 일생을 통해 발달하고 변화할 수 있으며,[30] 단시간이나 단기간의 학습으로 길러지기 어렵다는 점을 고려한다면 학생 발달 단계에 따라 이를 심화·확장시키는 형태로 개발된 성취기준은 역량 함양에 유용할 것으로 보인다.

스코틀랜드 정부는 학부모들에게 전이에 대한 정보를 제공하기 위해 'Curriculum for excellence: pre-school into primary transition'을 개발하여 the Education Scotland 웹사이트에 탑재

표 3-2 CfE 과학교과의 교육내용 성취기준의 예

과학 – 지구					
시기 / 내용	early level	first level	second level	third level	fourth level
	만 3~5세	만 5~9세 (P1~P4)	만 9~12세 (P5~P7)	만 12~15세 (S1~S3)	
생물의 다양성과 상호의존성 – 학습자는 생물이 지닌 풍부하고 가변적인 다양성을 탐구하고 유기체들이 지역과 세계 수준에서 어떻게 상호연관되는지에 대한 이해를 발전시킨다. (이하 생략)	나는 식물을 키우는 데 도움을 주었고 식물을 구성하고 있는 기본적인 부분들의 이름을 말할 수 있다. 나는 식물이 어떻게 성장하는지, 식물을 돌보기 위해 무엇을 해야 하는지 이야기할 수 있다. (SCN 0-03a)	나는 식물이 성장하고 발달하기 위해 무엇을 필요로 하는지를 찾아내기 위한 실험설계에 도움을 줄 수 있다. 나는 관찰, 발견, 학습한 것을 기록할 수 있으며, 학교에서 식물을 건강하게 키울 수 있다. (SCN 1-03a)	나는 비료가 식물의 성장에 미치는 영향을 알아보기 위한 연구 설계에 협력한다. 나는 비료 사용이 주는 이점과 위험에 대하여 정보에 근거한 의견을 전개할 수 있다. (SCN 2-03a)	나는 조사연구와 실험적 증거를 토대로 농업에 여러 화학물질을 사용하는 것 및 그 대안적인 방법을 설명할 수 있고, 그것들이 세계 식량 생산에 미칠 잠재적인 영향을 검토할 수 있다. (SCN 3-03a)	나는 질소 사이클에 대한 연구와 실제 실험 결과의 검토를 통해 환경적 영향력을 고려한 비료 설계 방법을 제안할 수 있다. (SCN 4-03a)

※ 주: 임유나 (2017). 미래사회 대비 학생역량 강화를 위한 스코틀랜드의 'Curriculum for excellence'. 일부 수정 발췌.

하였다. 이 자료는 Pre-school into Primary Transitions Advisory Group(TAG)의 메시지를 담은 것으로 유아기 학습의 연속성을 강조하여 초등학교로의 원활한 전이를 돕기 위한 방안을 제시하고 있다. 즉, 앞으로 일어날 일에 대해 이야기 나누고, 새로운 환경에 대한 친근감과 기대감을 갖게 하고, 궁금한 점이 있으면 질문하도록 격려하며 전이과정에 일어날 수 있는 문제나 두려움에 대해 주의 깊게 들어주고 공감하기 등과 같이 전이

에 대해 부모와 자녀가 이야기 나눌 수 있는 정보를 제공한다. 이를 통해 부모들은 자녀의 학교생활 준비를 돕고, 학교 교직원들과 자녀에 대해 의사소통할 수 있다.[31)]

Curriculum for Excellence
Factfile – 3 to 18 Transitions

Curriculum for Excellence
Bringing life to learning and learning to life
May 2011

그림 3-1 학부모를 위한 유 · 초연계 책자
※ 주: Education Scotland (2018). What is Curriculum for Excellence?. 일부 발췌.

호주의 빅토리아주

호주는 ISCED 0단계와 ISCED 1단계를 위한 교육과정이 별도로 개발되었으나 핵심 학습목표, 학습내용, 교수법 등이 연계된 형태의 교육과정을 가진 대표적인 국가이다. 그 중 호주의 빅토리아주는 출생에서부터 만 8세까지 유아들을 위한 'The Victorian Early Years Learning and Development Framework(VEYLDF)'와 만 5~17세 학생들을 위한 'The Victorian Curriculum F-10' 2개의 교육과정이 겹치는 독특한 접근법을 가지고 있다(OECD, 2019).[32] 초등학교에 소속된 취학 예비과정(pre-primary)의 만 5세(foundation)부터 초등학교(primary school)의 2학년(Year 2)까지는 두 교육과정을 모두 사용할 수 있는 단계이다. 호주의 빅토리아주 교육 시스템은 Australian Curriculum을 기초로 하되 유아들의 전이를 적극적으로 지원하기 위해 의도적으로 3년간의 교육과정을 중복하는 시스템이다. 즉, 학습의 계속성에 기반을 두고 전이를 매우 강조하는 시스템이다. 이를 위해 VEYLDF와 Victorian Curriculum F-10은 다양한 학습 단계에서 학습의 계속성을 보장하고 구현하기 위한 지침을 제공한다.

빅토리아 주정부는 유아 및 학교교육 전문가들에게 유아교육기관에서 초등학교로의 원활한 전이를 지원하고, 이 학습 단계에 해당하는 학생들의 학습 연속성을 보장하기 위해 '전이: 학교교육을 위한 긍정적인 출발(Transition: a positive start to school)(2017)'[33]과 추가 자료를 개발하여 제시하였다. 이 자료는 EYLF(Early Years Learning Framework)의 5가지 핵심 학습목표인 분명한 정체성 확립, 세상과의 소통, 자기 안녕에 대한 확신, 학습에 대한 자신감과 참여 의지, 효과적인 의사소통 기술에 기초하여 VEYLDF와 Victorian Curriculum: Level F-2까지 단계에서 다룰 수 있는 개념과 기능에 대해 제시하고 있다. 그리고 원활한 전이를 위해서는 생태학적 관점에서 유아를 둘러싸고 있는 인적 자원인 가족, 친구, 학교 구성원, 지역사회 등이 강력한 네트워크를 가지고 지원해야 한다고 보았다.[34]

표 3-3 '전이: 학교교육을 위한 긍정적인 출발' 중 '세상과의 소통–공정성' 파트

VEYLDF	Victorian Curriculum: Level F–2
유아들은 공정성을 알게 된다.	
예를 들어, 다음과 같은 경우에서 명백해진다.	예를 들어, 다음과 같은 경우에서 유아들은 발달한다.
• 유아들은 사람들 사이의 관계를 발견하고 탐구한다. • 유아들은 사람들이 물리적, 사회적 환경에 포함되거나 배제되는 방식을 인식한다. • 유아들은 불공평과 편견을 인식할 수 있는 능력과 연민과 친절하게 대하는 능력이 발달한다. • 유아들은 특정 상황에서 자신의 요구를 충족시키기 위해 선택하고 문제를 해결하기 위한 권한을 부여한다. • 유아들은 공정하고 불공정한 행동에 대해 비판적으로 생각하기 시작한다. • 유아들은 정체성과 고정관념을 만드는 상황을 이해하고 평가하기 시작한다.	• 유아들은 행동의 결과와 관련된 개념으로 좋고 나쁨, 옳고 그름의 의미를 탐구한다. – 윤리적인 기능: 개념 이해(F–L2) VCECU001 • 유아들은 학교에서 배우는 주제, 개인적 흥미, 일상의 경험과 연관된 친숙한 상황에 대한 어휘의 사용을 이해한다. – 영어: 언어(F) VCELA167 • 유아들은 독립적으로 그리고 다른 사람들과 함께 정보 시스템을 사용하여 정보와 아이디어를 구성하고 조직하며 안전한 온라인 환경에서 알게 된 사람들과 공유한다. – 디지털 테크놀로지: 데이터와 정보(F – L2) VCDTDI016

※ 주: Victoria State Government, Department of Education and Training (2017), Transition: a positive start to school, 100쪽에서 발췌.

홍콩

홍콩은 우리나라와 같이 교육부는 만 3~6세가 이용하는 유치원을 담당하고, 사회복지부는 출생~만 6세가 이용하는 어린이집을 담당하였었다. 2005년 이후, 기관 운영 방침 및 교사 자격 기준을 통합하며 만 3~6세는 유치원, 3세 미만은 유치원 겸 어린이집(Kindergarten–cum–child care centres; KG)이 담당하게 되었다.[35]

홍콩 ECEC는 유치원에서 초등학교로의 원활한 전이를 위해 교육과정 문서상 유·초연계에 대한 내용영역을 별도로 마련하였다. 홍콩 교육부에서 2006년 발간한 'Guide to the

Pre-primary Curriculum'의 6장은 'Settling in and Transition to Primary'[36]로 가정에서 유아교육기관으로, 유아교육기관에서 초등학교로의 전이에 대한 내용으로 구성되어 있다. 가이드북[37]에는 유아교육기관과 학습 방식, 환경 등이 상이한 초등학교에 유아들이 잘 적응하기 위해서는 유치원과 초등학교가 미리 의사소통을 하여 유아들의 심리적, 정서적 지원을 해야 한다고 제안하고 있다. 유아교사는 교육과정을 운영할 때에 초등학교 교과과정을 참조하되 유아가 부담을 느낄 수 있기 때문에 초등학교 교과과정을 유치원에서 미리 가르치는 것은 바람직하지 않다고 하였다. 초등학교 교사 역시 유·초연계 프로그램을 설계하기 위해 유아교육과정에 대해 알아야 하고 유아교사와 긴밀한 연락이 가능해야 한다고 하였다. 또한 학부모 동의하에 유아교육기관에서 기록한 학습기록을 초등학교에 제공하여 초등학교 교사가 유아를 파악하고 적응을 도울 수 있도록 제안하고 있다.

그리고 2017년 발간한 'Kindergarten Education Curriculum Guide'[38]의 6장 역시 'adaptation to school life and the interface between kindergarten and primary education collaboration among parents, kindergartens and primary schools'로 초등학교로의 원활한 전이를 위해 학습, 생활습관, 감정, 심리학 측면에서 학부모, 유치원, 초등학교 간의 협력에 대한 내용으로 구성되어 있다. 6장에서는 유·초연계교육을 위하여 '유치원 교사의 역할', '초등학교 교사의 역할', '부모의 역할'로 나누어 제시하고 있다.

첫째, 유치원 교사는 평생 학습의 기초를 마련하고 지식의 추구보다 학습 능력과 태도를 기르는 것에 열중하여야 한다. 그러므로 초등학교 교과과정을 미리 경험하게 하거나 뇌졸중과 같이 어려운 단어 쓰기, 복잡한 계산 연습하기 등은 지양하고 주제를 중심으로 학습과 생활을 연결하는 가치 있는 학습 경험을 충분히 제공하도록 한다. 그리고 초등학교 생활의 적응을 돕는 기본생활습관, 자기관리, 친구와 사귀고 의사소통하기 등에 대해 배우고, 초등학생이 되는 것에 대한 불안감 감소를 위해 초등학교를 방문하거나 졸업생을 초청하여 초등학교 생활에 대한 경험을 공유하는 기회를 마련한다.

둘째, 초등학교 교사는 유치원과 마찬가지로 아동 중심 원칙에 입각하여 유아 개개인의 학습 및 발달속도를 고려하여 적응기간을 조절하고 교육과정을 운영해야 한다. 교사는 유치원의 교육과정 및 교육방식을 이해하고, 통합교육이 익숙한 유아들을 위해 주제별로 질문 기반 학습활동을 하거나 이야기 또는 역할놀이와 같이 놀이 위주로 진행하여야 한다. 이때, 학습에 대한 유아의 관심과 자신감을 유지하며 점차적으로 적응할 수 있도록 해야 한다. 그리고 환경과 학습방식, 학교생활의 갑작스런 변화로 인해 불안감과 두려움을 느낄 수 있으므로 입학 후 학교, 일과운영, 교육과정과 평가 방식 소개 및 교사들과 만남을 갖는 오리엔테이션을 개최할 수 있다. 마지막으로 유치원 포트폴리오를 참고하여 유아의 발달 상황을 이해하고, 학생의 능력과 적응 상황을 고려하여 평가 방식과 빈도를 조절하며 단계별로 평가를 하여야 한다. 특히 입학한 직후에는 받아쓰기나 서면평가, 많은 과목의 지식을 암기, 암송하지 않고, 학습의 부담을 줄이기 위해 숙제량을 조절하여야 한다.

셋째, 부모는 유아마다 학습의 단계, 적응의 정도가 다르므로 학교와 협력하여 유아가 초등학교에 대한 압박을 느끼지 않도록 해야 한다. 그리고 개인 소지품 보관, 책가방 싸기, 책임감 가지고 집안일 하기 등을 가정에서부터 학교와 일관성 있게 생활 지도를 해야 한다. 마지막으로 유치원과 초등교육의 접점에 관한 다양한 방안과 권고사항에 대한 정보가 담긴 "Booklet on Enhancing the Smooth Transition from Kindergarten to Primary School" 소책자를 큐알코드를 통해 부모가 pdf 파일을 다운받을 수 있도록 하였다.

幼小的不同

	學前階段	小學一年級	需要適應的事宜
學習環境	• 校舍較小。 • 情境布置會隨教學主題更換。 • 課室設置不同的學習角落，學習氣氛較輕鬆和自由。	• 校園較大，校舍層數多，設有多個課室和不同活動室。 • 課室空間較大，布置以學習主題或分科內容為主，並會張貼學生的作品。	• 學生需要適應空間較大和設備多元化的新學習環境，以及認識小學作息的常規和校規。
課程設計／編排	• 重點在於讓學生在安全、愉快和富趣味的環境下，誘發他們自主學習。 • 透過因應學生發展需要的多元化活動，建立不同學習範疇的知識概念、培養基本能力及正面的價值觀和態度。 • 不分科，以綜合課程模式設計，學習活動安排較為彈性。	• 重點在於為學生提供基要的學習經歷，培養他們八個學習領域的知識、共通能力、價值觀和態度，為終身學習及全人發展奠定良好的基礎。	• 小學課程的內容較學前階段廣闊和深入，部分概念比較抽象，學生需要較長的時間專注和有系統地思考，以理解學習內容。
	• 課程內容較簡單，教科書多採用圖畫，並輔以文字表達。	• 課程內容較豐富，教科書和其他學習材料多使用文字表達，部分亦配有相關圖片或圖表等。	• 學生需要閱讀較多文字和認識較多詞彙的意義，以理解學習內容。
	• 以認讀為主。 • 家課量較少，可在課堂上完成，又或由家長協助完成。	• 家課形式多元化，包括各課題或單元的課業、工作紙、閱讀理解、模型製作、資料搜集和專題報告等。	• 學生需要較自主地完成各科包括書寫的練習和不同形式的家課。

幼小老師專業交流

12

그림 3-2 학부모를 위한 유 · 초연계 책자: "Booklet on Enhancing the Smooth Transition from Kindergarten to Primary School"*

* https://www.edb.gov.hk/attachment/tc/curriculum-development/major-level-of-edu/primary/materials/transition-from-k-to-p/interface_final.pdf.

홍콩 교육부의 교육과정 개발 연구소에서는 유아교육기관에서 초등학교로의 원활한 전이를 돕고자 '유아의 적응을 돕기 위한 새로운 초등학교 생활과 기본 교육 커리큘럼 가이드(The helping Children to Adapt to Their New Primary School Life and Basic Education Curriculum Guide)'를 개발하였다. 그리고 그림 3-3, 그림 3-4 와 같이 가정과의 연계를 위하여 부모교육 책자와 유아를 위한 동화책을 개발하여 배포하였다.

그림 3-3 홍콩: 학부모를 위한 유 · 초연계 책자* **

그림 3-4 홍콩: 유아를 위한 유 · 초연계에 대한 동화책***

* https://www.edb.gov.hk/attachment/en/curriculum-development/major-level-of-edu/preprimary/curriculum-guide_parent-booklet.pdf.

** https://www.edb.gov.hk/attachment/en/curriculum-development/major-level-of-edu/primary/materials/parents_new.pdf.

*** https://www.edb.gov.hk/attachment/en/curriculum-development/major-level-of-edu/primary/materials/storybook2003.pdf.

이 외에도 유·초연계교육의 방법은 각 국가의 상황과 학제, 교육과정 등에 따라 다양하다. 핀란드는 국가수준 교육과정 내 영유아교육영역에 각 교육단계의 '전이'의 목적을 "각 어린이의 영유아 교육에서부터 프리스쿨, 더 나아가 기본교육과정에서의 학습경로가 학생의 필요에 기반하여 유연한 연속체를 이루도록 함에 있다."라고 명시하고 있다.[39] 이에 맞춰 효율적인 유·초교육과정의 연계를 위해 영유아 개별 학습계획(personal early childhood education plan)이 도입되었다. 이것은 영유아의 발달 및 환경적 조건을 고려한 지속적인 학습계획으로서 학습목표, 발달을 도울 수 있는 수단, 필요한 도움, 학생의 강점 등을 학생 및 보호자와 상담을 통해 기관에서 작성하여 가정과 기관의 연계를 강화하였다. 이 자료는 프리스쿨 및 초등학교로 이어지며, 차후 개인의 학습계획을 작성하는 데 기초자료로 활용된다.

핀란드와 비슷하게 미국 코네티컷주에서도 유치원에서 초등학교로의 원활한 전이를 위해 지역 내 초등학교 교직원들에게 유아교육기관 현황과 연계과정을 도울 수 있는 실질적인 방법을 안내하는 자료를 만들어 제공하였다. 이 자료는 학교급 간 전이의 중요성을 강조하는 '모든 학생의 성공을 위한 교육법(Every Student Succeeds Act: ESSA)'에 기초하였다. 'Landscape Analysis Tool'이라 불리는 분석도구는 인구통계, 교육시설의 질, 학업성취도, 가족 및 지역사회 참여도 등 4가지 범주로 자료를 분류하고 필수정보, 필수 또는 선택정보, 선택정보로 구분하였다. 이 자료는 단순히 초등학교 교직원에게 유아교육기관과 유아에 대한 정보를 제공하기 위한 것이 아니라 원활한 유 · 초연계를 위한 시스템이 잘 구축되어 있는지에 대한 자체 평가이자 점검의 일환이라 볼 수 있다.[40]

독일은 난민 및 이주 배경이 있는 아동이 증가함에 따라 주로 모국어로 독일어를 사용하지 않는 불리한 계층 아동의 독일어 습득에 초점을 두고 유 · 초연계교육을 진행하고 있다.[41]

대학입시가 과열된 중국은 많은 학부모들이 유 · 초연계교육을 초등학교 입학 준비라 여기고 사립학원을 통해 지나친 선행교육을 하고 있다.[42] 중국의 경우, 유치원의 초등학교화 현상, 초등학교 선행학습 형태로 진행되는 사립학원에 의존하는 등 유 · 초연계교육이 잘못된 방향으로 흐르는 현실의 심각성을 인식함에도 불구하고 아직까지 정부 차원에서 유 · 초연계교육이 이루어지고 있지 않다. 교육과정은 광범위한 교육 시스템의 산물로서 정치 및 사회 · 문화적 맥락에 따라 형성된다. 이에 유 · 초연계교육 역시 국가마다 다양한 형태로 이루어지고 있다.

국외의 사례들을 통해 유 · 초연계교육을 위한 몇 가지 시사점을 가진다. 첫째, 유 · 초연계교육을 위해서는 유아교육기관뿐 아니라 생태학적으로 유아를 둘러싼 다양한 인적 · 물적 환경들이 긴밀한 협력과 지원체계를 구축하여야 한다는 점이다. 호주 빅토리아주, 핀란드, 홍콩의 사례에서는 공통적으로 유아교육기관과 초등교육기관의 교직원뿐 아니라 가정까지 유아들의 전이를 돕기 위해 준비되어야 함을 강조하고 있다. 유 · 초연계를 위한 협력체계를 공고히 하기 위해서는 구성원들이 유·초연계교육의 필요성을 인식하는 것이 선행되어야 할 것이다. 이를 위해 호주 빅토리아주의 교사를 위한 유·초연계 자료, 홍콩의 학부모를 위한 유·초연계 자료 개발 및 보급은 유·초연계교육의 필요성 인식에 도움이 될 것으로 사료된다. 그리고 핀란드와 코네티컷주의 사례처럼 가정과 유아교육기관, 초등학교 간 유아 자료 공유 시스템은 유·초연계에 대한 각 기관의 자체 평가 및 차후의 계획 수립에 도움을 줄 수 있다. 즉, 구성원들의 유·초연계교육 필요성 인식에 그치지 않고 실천을 위한 제도적 차원의 노력도 뒤따라야 할 것이다.

둘째, 경제·사회·문화적 배경에 따라 유·초연계교육은 국가마다 다양한 형태로 이루어진다는 점이다. 아무리 좋은 교육과정과 시스템이라 할지라도 적용하는 나라의 상황에 적합하지 않으면 큰 효과를 가져올 수 없다. 그러므로 유·초연계교육이 원활하게 이루어지기 위해서는 현재 우리나라가 처한 사회적 상황에서 유·초연계교육을 위해 당면한 과제가 무엇인지 파악하는 것이 선행되어야 할 것이다. 이를 기초로 다양한 국외 유·초연계교육 사례들 중 우리나라에 적용할 수 있는 방안들을 참고하여 개선방안을 모색하는 것이 필요하다.

국내의 유치원 교육과정과 초등학교 교육과정

우리나라의 유치원 교육과정은 제1차 유치원 교육과정부터 국가수준 교육과정을 준용하되 각 지역과 유치원 실정에 맞는 교육과정을 편성 · 운영하도록 하였다. 특히 '교육과정의 분권화'를 추구한 제5차 유치원 교육과정부터는 국가에서 일방적으로 만들어져 '주어지는 교육과정'이 아니라 교육을 직접 실천하는 각 유치원에서 다양하게 편성 · 운영하는 '만들어가는 교육과정'을 추구하고 있다.[43]

이에 본 절에서는 국가수준 교육과정, 시 · 도 교육청의 교육과정 편성 · 운영지침, 개별 유치원의 운영계획서 분석을 통해 학교수준 교육과정에서의 유 · 초연계교육에 대해 살펴보고자 한다.

국가수준 교육과정에서의 유 · 초연계

국가수준 교육과정은 교육목표, 내용과 방법, 교육과정 운영 기준 및 기본지침을 담고 있는 법적 문서로 국가교육정책 당국이 학교에서 무엇을 가르치고 배워야 하는가에 대해 공포한 국가적 기준을 의미한다.[44][45] 따라서 국가수준 교육과정에서 유 · 초연계를 강조하는 것은 실제 현장에서의 교육과정 변화를 가져올 수 있는 단초가 된다.

유치원과 초등학교 교육과정의 경우, 국가수준 교육과정을 처음 제정한 연도부터 이후 개정해 온 연도가 다르다. 이에 본 절에서는 국가교육과정 정보센터(National Curriculum Informational Center: NCIC)에서 제시하고 있는 개정 시기를 기준으로 교육부에서 고시한 국가수준 유치원 및 초등학교 교육과정의 고시문과 해설서에 나타난 유 · 초연계 내용에 대해 살펴보았다.

국가수준 교육과정에 유 · 초연계에 대한 내용이 처음 등장한 것은 초등학교의 경우 5차 개정 시기인 제5차 초등학교 교육과정부터, 유치원의 경우 6차 개정 시기인 제6차 유치원 교육과정에서부터이다.

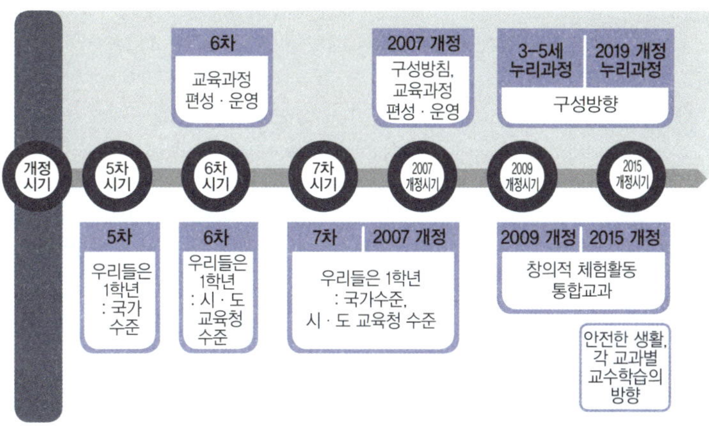

그림 3-5 국가수준 교육과정 문서에 제시된 유 · 초연계*

* 7차 개정시기에 유치원 교육과정은 개발되지 않았음

유치원 교육과정에 나타난 유 · 초연계

유치원 교육과정에서는 초등학교 교육과정보다 한 시기 늦은 제6차 유치원 교육과정부터 시작하여 2019 개정 누리과정에 이르기까지 지속적으로 국가수준 교육과정에 유 · 초연계에 대한 내용이 포함되어 있다.

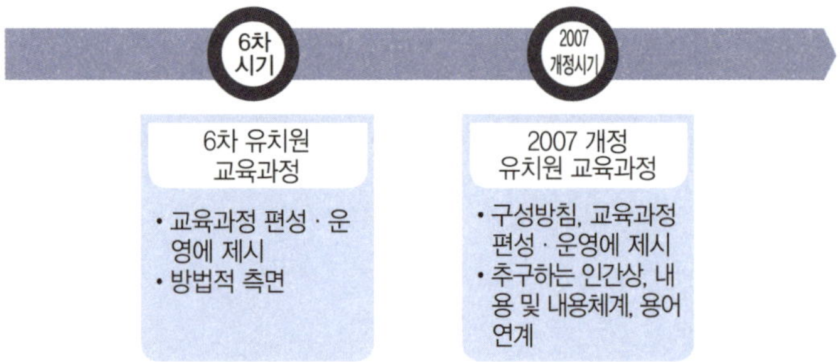

그림 3-6 국가수준 유아교육과정 문서에 제시된 유 · 초연계

국가수준 유치원 교육과정에 유 · 초연계에 대한 내용이 처음 등장한 것은 제6차 유치원 교육과정부터이다. 제6차 유치원 교육과정이 개정되기에 앞서 대통령 자문기구인 교육개혁위원회는 1995년에 제5차 대통령 보고서 「세계화 · 정보화 시대를 주도하는 신교육체제 수립을 위한 교육개혁 방안」을 발표하였다. 이 보고서에서는 특수교육 또는 사교육의 차원에서 유아교육을 바라보던 관점에서 탈피하여 공교육체제를 확립하고, 초 · 중등 교육과 맥을 같이 하는 보편화된 교육체제로 발전시키고자 하는 '유아교육의 공교육체제 확립'에 대한 내용이 포함되어 있다.[46] 이를 반영하여 제6차 유치원 교육과정의 '교육과정 편성 · 운영 지침'에 '초등교육과의 연계 사항'으

로 유치원 교사가 초등학교 1학년 초등학교 교육과정을 이해하고, 초등학교 교사 역시 유치원 교육과정을 이해할 수 있도록 두 학교급 간의 수업 공개, 교육과정 연구, 교육자료의 교류 등 다양한 기회를 마련하도록 해야 한다고 명시하였다. 즉, 원활한 유 · 초연계를 위해서 유치원 교사와 초등학교 교사에게 유 · 초연계의 방법적 측면을 구체적으로 제시하고 있다.

2004년 유아교육법이 제정되어 유아교육의 법적 토대가 마련되자 교육 경험의 연속성, 반복성, 일관성, 통합성의 차원에서 유 · 초연계의 중요성이 강조되었다.[47] 이에 유 · 초연계의 개념과 방법을 좀 더 체계적이고 적극적으로 교육과정의 개정에 반영할 필요성이 대두되었다. 그리고 이전 교육과정들의 경우, 지나치게 발달영역 및 발달과업에 치중하여 현장의 교사들이 근본적인 내용 지식에 관한 탐구보다는 가르치는 방법이나 현장에서 손쉽게 활용할 수 있는 다양한 활동에만 관심을 집중시키는 경향이 있다는 비판이 제기되었다.[48] 이에 유아에 대한 발달적 이해와 교과내용에 대한 지식에 근거하여 초등학교 교육과정과 연계되도록 각 생활영역의 내용범위, 진술방식 및 지식체계를 명확히 하는 방향으로 교육과정이 개정되어야 할 필요성이 제기되었다.

2007 개정 유치원 교육과정[49]은 교육과정 편성 · 운영과 교수 · 학습방법 면에서 유치원 교육의 정체성을 살리면서, 전체 교육과정의 문서체제와 내용은 초 · 중등학교 교육과정과의 연계를 도모하도록 구성하고자 하였다. 추구하는 인간상과 교육과정 편성 · 운영, 5개 생활영역의 내용 및 내용체계, 용어를

초등학교 교육과정과 연계되도록 구성하였다. 2007 개정 유치원 교육과정에서는 유치원과 초등학교의 원활한 전이를 위해 교육과정을 연계할 수 있는 기초를 마련하였다는 점에서 의미가 있다.

그림 3-7 국가수준 유아교육과정 문서에 제시된 유 · 초연계

한편 유치원과 어린이집으로 이원화되어 있는 교육 · 보육과정을 통합하여 유아기 단계에서 교육의 질을 제고하고, 생애 초기 출발점 평등을 보장하고자 3–5세 연령별 누리과정[50]이 제정되었다. 3–5세 연령별 누리과정 해설서(17쪽)의 구성방향에는 유치원과 어린이집 유아들의 공정한 출발선을 보장하기 위해 누리과정의 내용과 활동이 초등학교 교육과정과 체계적으로 연계되는 것은 매우 중요하다고 밝히고 있다. 특히, 3–5세 연령별 누리과정 중 만 5세 연령에 해당하는 내용은 초등학교 저학년 교육과정과 긴밀하게 연계되도록 하고, 만 3세 연령 내용은 아래 단계인 0–2세 표준보육과정과의 연계를 고려하였다. 이로써 0–2세 표준보육과정, 3–5세 연령별 누리과

정, 초등학교 교육과정으로 연계되는 내용의 체계화를 추구하였다는 점에서 매우 고무적이다. 그러나 3–5세 연령별 누리과정의 각론 연구들[51][52][53]을 살펴보면 유치원 교육과정의 내용이 초등교육과정의 내용을 상회하거나 역연계되는 경우가 다소 등장하였다. 이에 2015 개정 초등학교 교육과정은 초등교육 전문가뿐 아니라 유아교육 전문가가 교육과정 개발 시 함께 참여하여 학습범위를 조정하였다.

2019 개정 누리과정은 추구하는 인간상과 목적과 목표, 구성의 중점 등 총론 전반의 구성을 초등학교 교육과정의 체계와 통일하였다.[54][55] 그리고 3–5세 연령별 누리과정과 마찬가지로 구성방향에 0–2세 표준보육과정, 초등학교 교육과정의 긴밀한 연계를 강조하고 있다. 특히 누리과정 5개 영역의 내용은 초등학교 교육내용을 상회하지 않도록 유의하여 구성하되, 3~5세의 경험과 초등학교 1학년에서의 경험이 단절되지 않고, 유아들이 순조롭게 전이하도록 돕고자 하였다.[56]

2019 개정 누리과정은 교사의 자율성과 다양성을 최대한 존중하며 유아 · 놀이 중심 교육과정을 운영하기 위해 3–5세 연령별 누리과정에서 제시하였던 연령별 세부내용을 없애고, 세부내용 대신 총 59개의 내용으로 간략화 하였다. 그러나 각 영역별 교육내용이 대폭 축소되고, 연령 구분 없이 교육내용이 제시됨에 따라 초등학교 교육과정과의 긴밀한 연계가 가시화되지 않는 점이 있다. 즉, 총론에서는 선언적으로 초등학교 교육과정과의 연계를 위하여 교육내용의 계열성을 포함하여 체계와 형식을 통일하여 구성하고자 하였다고 밝혔으나 각론 상

에는 교육내용이 축소되고 학습범위를 설정할 수 없게 되었다. 이에 따라 이전 교육과정에서 추구했던 교육과정상 접합점이 되는 유치원 만 5세와 초등학교 1학년 교육내용의 계열성과 계속성을 찾아보기 어려웠다. 따라서 총론에서 제시하는 초등학교 교육내용을 상회하는지 여부를 교사가 판단하기 어렵다. 이는 초등도 마찬가지로 2015 개정 초등교육과정의 교수 · 학습에서 제시하고 있는 만 5세 누리과정에 기초해서 교육과정을 운영하여야 한다는 부분은 더 이상 의미가 없어졌다 해도 과언이 아니다.

초등학교 교육과정에 나타난 유 · 초연계

초등학교 교육과정은 제5차부터 2015 개정 초등학교 교육과정에 이르기까지 지속적으로 국가수준 교육과정에 유 · 초연계에 대한 내용이 포함되어 있다.

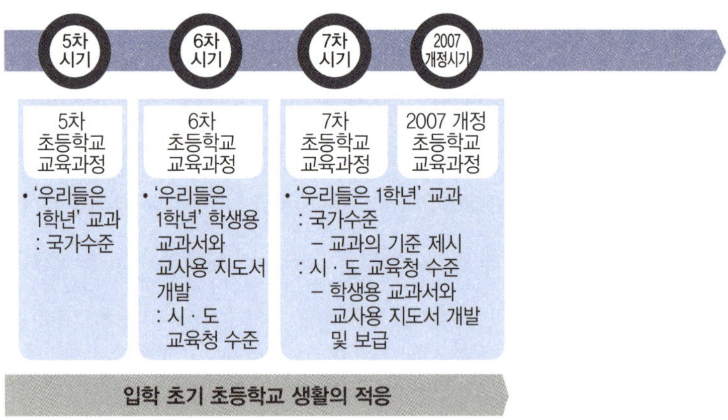

그림 3-8 국가수준 초등교육과정 문서에 제시된 유 · 초연계

국가수준 초등학교 교육과정에서 유·초연계에 대한 내용이 처음 강조된 것은 제5차 초등학교 교육과정의 '우리들은 1학년' 교과 교육과정부터이다. '우리들은 1학년'은 초등학교에 처음으로 입학한 학생들이 즐겁고 자유로운 가운데 새로운 학교생활에 잘 적응할 수 있도록 도와주기 위한 입학 초기 학교 적응활동과정으로서, 3월 한 달 동안 기초적인 학습내용을 취학 전의 생활경험과 관련지어 활동 제재별로 구성한 통합 교과이다.[57] '우리들은 1학년' 교육과정은 제4차 초등학교 교육과정시기에는 교과서만 편찬·보급되었고, 제5차 초등학교 교육과정에서 편제와 시간 배당에 이를 명시하여 국가수준의 통합 교육과정으로 자리매김하였다. 제5차 초등학교 교육과정 '우리들은 1학년' 지도 유의점에는 취학 전 생활경험과 학교생활을 자연스럽게 연계하도록 유·초연계에 대한 내용이 명시되어 있다.

제6차 초등학교 교육과정[58]은 중앙 집권적인 운영이 초래하는 경직성과 획일성을 지양하고, 융통성과 다양성을 추구하기 위해 교육과정에 대한 결정 권한의 일부를 각 시·도 교육청 및 각 학교에 이양하는 '교육과정 지역화'가 도입되었다. '우리들은 1학년' 교과 역시 국가수준에서 일괄적으로 제시하던 방식에서 교육과정 편성과 교과서, 교사용 지도서의 편찬이 시·도 교육청에 위임되었다. 그러나 취지와는 달리 '우리들은 1학년' 교과서는 지역의 특수성이나 실정에 따른 교육중점이 나타나지 않았고, 결국 각 시·도 교육청마다 비슷한 교과서를 개발하기 위해 막대한 예산을 투입하는 것은 예산 낭비라는 지적이 있었다.[59]

이러한 비판점을 수용하여 제7차 초등학교 교육과정[60]과 2007 개정 초등학교 교육과정[61]에서는 국가수준 교육과정에 '우리들은 1학년' 교과의 성격과 교수 · 학습방법에 대한 기준이 추가 제시되었고, 학생용 교과서와 교사용 지도서는 시 · 도 교육청에서 개발, 보급하였다.

한편 제1차 초등학교 교육과정 때 교육목적을 달성하기 위하여 필요한 교과 이외의 기타 교육활동으로 처음 도입된 특별활동은 2007 개정 초등학교 교육과정까지 지속되었다. 그러나 특별활동의 정의 상 재량활동이 특별활동에 포함되기 때문에 특별활동과 재량활동을 함께 편제하기에는 논리적 모순과 운영상의 문제가 발생하였다. 이를 해결하기 위해 교육부는 2009 개정 초등학교 교육과정에서 기존의 특별활동과 재량활동을 통합하여 창의적 체험활동을 신설하고 교육과정을 교과와 창의적 체험활동의 양대 편제로 구성하였다.

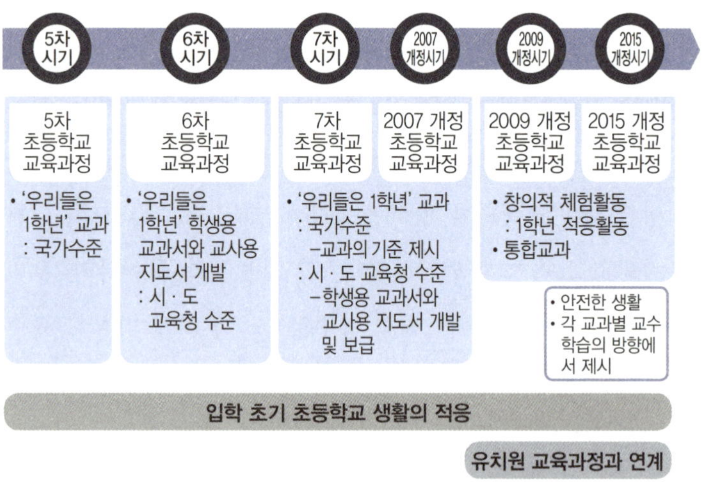

그림 3-9 국가수준 초등교육과정 문서에 제시된 유 · 초연계

2009 개정 초등학교 교육과정[62]에서는 제4차 초등학교 교육과정 때부터 도입된 '우리들은 1학년' 교과가 없어지는 대신 창의적 체험활동 시간에 1학년 적응활동을 하도록 명시하였다. 1~2학년군의 창의적 체험활동 수업 시수 272시간 중 학생의 요구, 학교 특성, 지역사회의 여건 등을 고려하여 자율적인 입학 초기 적응 프로그램을 적정 시수 운영하도록 하였다. 그리고 2009 개정 초등학교 교육과정부터 '바른 생활, 슬기로운 생활, 즐거운 생활' 통합교과를 '학교, 봄, 가족, 여름, 이웃, 가을, 우리나라, 겨울' 주제를 중심으로 한 통합교과서를 개발하여 도입하였다. 2009 개정 통합교과 교육과정의 주제별 구성은 아동이 흥미를 보이는 내용이나 실생활의 문제와 이슈를 중심으로 교과의 구분 없이 광범위한 학습내용들의 연계를 도모하면서 아동들이 자유롭게 탐구하고 표현하게 하는 탈학문적 접근방법을 사용한다.[63] 이는 유치원의 생활주제 중심 통합교육과 맥을 함께 하는 연계의 모습을 보인다고 볼 수 있다. 2015 개정을 앞두고 실시된 2009 개정 초등학교 1, 2학년 교과서의 개선방향에 대한 연구를 살펴보면 교사, 학생, 학부모를 대상으로 실시된 만족도 조사에서 통합교과서는 가장 높은 만족도를 보였다.[64]

2015 개정 초등학교 교육과정[65]은 최초로 누리과정과의 연계를 명문화한 교육과정이다. **그림 3-10** 에 나타난 바와 같이 통합교과 중 '바른 생활', '슬기로운 생활', '즐거운 생활'의 교수 · 학습 방향에 누리과정의 관련 내용영역과 연계 지도가 이루어질 수 있도록 해야 한다고 명시하였다.

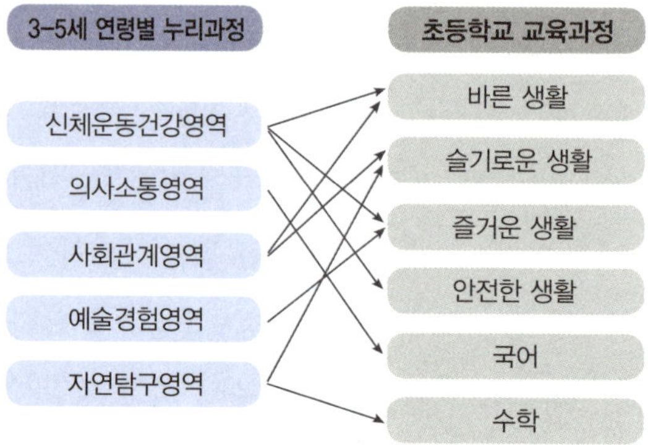

그림 3-10 2015 개정 초등학교 교육과정과 3-5세 연령별 누리과정의 연계

이전 교육과정과 마찬가지로 2015 개정 초등학교 교육과정에서는 '바른 생활, 슬기로운 생활, 즐거운 생활'을 주제별로 통합한 통합교과서를 사용한다. 그리고 이전 교육과정들에서 중요한 범교과 학습주제로 실시되어 왔던 안전교육이 체계적으로 이루어질 수 있도록 저학년인 1~2학년군에 64시간(주 1시간)의 수업시수를 증배하는 방식으로 창의적 체험활동에 '안전한 생활'을 새롭게 도입하였다. '안전한 생활' 역시 교수 · 학습의 방향에 5세 누리과정의 신체운동 · 건강 영역의 안전교육 내용과 연계되도록 지도해야 한다고 명시하고 있다. 그리고 2009 개정 초등학교 교육과정과 동일하게 창의적 체험활동 시간을 활용하여 1학년의 입학 초기 적응 프로그램을 진행하도록 하였다.

요약하면 유치원 교육과정에서 유 · 초연계는 제6차 유치원 교육과정에서의 방법적 측면의 연계, 2007 개정 유치원 교육과정에의 문서체계상의 연계, 3-5세 연령별 누리과정의 교육내용의 연계를 거쳐 2019 개정 누리과정은 다시 문서체계상의 연계를 중심으로 제시되었다. 반면 초등학교 교육과정에서의 유 · 초연계는 제5차 초등학교 교육과정 이래로 지속적으로 입학 초기 초등학교 생활의 적응을 중심으로 제시되었다. 2009 개정 초등학교 교육과정부터는 통합교과의 개발 및 적용, 2015 개정 초등학교 교육과정부터는 누리과정과의 연계를 고려하여 통합교과에서의 교수 · 학습 방향을 설정하는 등 유치원 교육과정과의 연계를 추구하고 있다.

국가수준 교육과정에서의 유 · 초연계를 살펴본 결과, 유치원 교육과정은 문서체계상의 연계에 중점을 둔 반면 초등학교 교육과정은 적응과 교육내용 및 교수 · 학습방법의 연계 등 교육 실행에 중점을 두고 있다. 그러나 유치원 교육과정은 6차 시기, 초등학교 교육과정은 5차 시기 이후로는 지속적으로 유 · 초연계에 대한 노력을 기울이고 있다는 점에서 고무적이라 볼 수 있다.

지역수준 교육과정에서의 유 · 초연계

국가수준의 교육과정이 전국의 공통적 · 일반적 · 표준적 교육내용이라면, 지역수준 교육과정은 시 · 도 단위 혹은 시 · 군 · 구 단위의 지역 특성과 실정, 필요, 요구 등이 반영되어 국가 기준을 보완하거나 확장하여 교육과정을 계획하고 운영하는 것이다. 각 시 · 도 교육청에서는 해당 지역의 특성을 살려 교육과정을 구성할 수 있도록 교육과정 편성 · 운영 지침을 발표한다. 2019년을 기준으로 각 시 · 도 교육청에서 가장 최근에 고시된 유치원(2015~2019년), 초등학교(2016~2019년) 교육과정 편성 · 운영 지침을 토대로 하여 지역수준 교육과정에서의 계속성을 살펴보고자 한다.

시 · 도별 유치원 교육과정 편성 · 운영 지침에 나타난 유 · 초연계

각 시 · 도별 유치원 교육과정 편성 · 운영 지침은 유 · 초연계와 관련하여 공통적으로 강조하고 있는 부분과 각 시 · 도별로 특색을 가지는 내용으로 구분할 수 있다. 각 시 · 도별 유치원 교육과정 편성 · 운영 지침에서 유 · 초연계와 관련하여 공통적으로 강조하고 있는 내용은 다음과 같다.

표 3-4 유 · 초연계와 관련된 각 시 · 도 교육청 유치원 교육과정 편성 · 운영 지침*

교육청** / 유 · 초연계 내용	서울	인천	부산	광주	대구	대전	울산	경북	전북	전남	충북	충남	제주
교원 간 상호 교류	○	○	○	○	○	○	○	○	○	○	○	○	○
학습자료 및 시설물 공유		○	○	○	○	○	○		○	○	○	○	○
공동 행사 개최			○	○	○		○	○	○	○	○	○	○
생활기록부 이관				○	○	○		○		○		○	
유 · 초연계 활동 개발		○	○		○		○			○			
학부모 연수 개최		○	○		○		○						

* 유 · 초연계에 대한 상세 내용이 포함되어 있지 않은 경상남도교육청 유치원 교육과정 편성 · 운영 지침은 표에 포함하지 않음

** 시 · 도 교육청 유치원 교육과정 편성 · 운영 지침 발표 연도: 2015년(부산, 전북, 전남, 충북, 제주), 2016년(서울, 인천, 대전), 2017년(경북), 2018년(광주, 대구, 충남), 2019년(울산)

첫째, 유치원과 초등학교 교원 간 상호교류를 확대하는 내용이 공통적으로 강조되고 있다. 예를 들어, 상호 수업 참관 및 협의회, 수업 공개, 공동 연수, 정보 교환, 면담 등이다. 이 외에도 서울시는 유·초연계 연구학교 운영 및 참관, 인천시는 유치원과 초등학교 교원 간 협동 교수제(team-teaching), 제주시는 교재·교구 제작 및 교환수업 등의 활동을 제시하고 있다. 두 학교급 교원 간의 교류활동은 상호 교육과정의 이해를 증진시키는 데 목적이 있다. 이러한 이해를 바탕으로 교육과정을 계획하고 실행할 때에 교육과정 계속성 차원에서 자연스럽게 유·초연계 지도가 이루어지도록 하고 있다.

둘째, 학습자료 및 시설물의 공동 사용, 두 학교급 간의 공동 행사 개최 및 참여와 같은 상호 교류 활동을 확대하는 내용이 강조되고 있다. 두 학교급의 상호 교류 활동을 경험한 유아들은 초등학교에 대한 정보를 얻을 수 있고, 유치원에서 초등학교로 전이하는 과정에서 느낄 수 있는 새로운 환경에 대한 막연한 두려움을 줄일 수 있다. 그러나 공립유치원에 비해 초등학교와의 물리적 접근성과 행정적 연계성이 다소 떨어지는 사립유치원에서는 위와 같은 상호 교류 활동을 실행하기에 한계가 있다.[66] 그리고 유·초연계교육과 관련된 많은 연구들에서는 행사 중심의 단순 교류 활동은 서로 간의 교육과정의 이해도가 없는 형태로 진행되거나 일회성으로 진행될 경우, 유아들에게 실질적 도움을 주지 못한다고 지적하고 있다.

셋째, 유아에 대한 이해를 돕고자 유치원에서 작성한 생활기록부를 초등학교에 이관하는 내용을 공통적으로 제시하고 있다. 이 중 대구광역시교육청과 대전광역시교육청은 학부모의 동의가 있을 경우에 생활기록부를 초등학교에 송부할 수 있다고 지침에 기술하였다.

이 외에도 초등학교 진학을 앞둔 유아의 심리적 부담감을 줄이기 위해 유·초연계 활동을 개발하여 적용하고(인천, 부산, 대구, 울산, 전남), 학부모 연수를 개최(인천, 부산, 대구, 울산)하는 등의 지침도 일부 교육청들에서 제시되고 있는 사항이다.

시·도 교육청 유치원 교육과정 편성·운영 지침 중 유·초연계와 관련하여 특색 있는 내용이 제시되어 있는 대구광역시교육청과 대전광역시교육청의 사례를 살펴보면 다음과 같다. 먼저, 대구광역시교육청에서는 유치원에서 초등학교로 진학하는 유아의 심리적 부담감을 줄이고 안정적 적응을 위하여 '전환기 교육'을 수립하여 운영하고 있다. 학년 말에 생활주제와 연계하여 유아들에게 초등학교의 물리적 환경에 익숙해지도록 1학년 교실 방문하기, 운동장 돌아보기, 도서관 이용해보기, 강당에서 체육활동하기, 급식실 위치 알아보기, 화장실 이용해보기 등의 경험을 제공하도록 한다. 그리고 초등학교 입학에 대한 긍정적 인식을 갖도록 초등학교의 인적 환경(초등학교 1학년 재학생, 담임교사, 보건·영양교사 등)에 익숙해질 수 있는 경험을 계획·실행하고 있다. 또한 학부모에게 안내문 배부, 강연회, 도서 추천, 언론 정보 수집 및 배부 등 초등학교 입학 관련된 다양한 정보를 제공하고 상담을 진행하고 있다. 다만, '전환기 교육'은 학년 말이라는 특정한 시기에 유치원의 교육환경을 초등학교의 환경과 유사하게 재배치하는 것이 유아들의 발달 특성에 적합한지에 대한 논의가 필요하다. 서울특별시교육청에서는 「2019 서울 유아교육 계획」, 「2019 초 1, 2 안정과 성장 맞춤 교육과정 운영 기본계획」을 통해 '놀이하듯 공부하는 교육환경'을 조성하기 위해 초등학교 기관이 유아의 경험과 발달에 기초하여 교육환경을 개선하는 방안을 제안한 바 있다.

다음으로 대전광역시교육청은 2015년 전국 최초로 교육과정의 지속성과 일관성, 유 · 초연계교육의 효율성을 제고하기 위해 「유 · 초연계 꿈자랑 과정」을 개발하였다. 「유 · 초연계 꿈자랑 과정」이란, 유치원 만 5세 유아와 초등학교 1학년 학생을 대상으로 유 · 초연계 통합과정을 통해 전인적 발달을 도모하기 위한 과정으로 유아교육법 제13조 제2항과 초 · 중등교육법 제23조 제2항의 규정에 따라 대전광역시교육청이 만든 유 · 초연계 교육과정이다.[67] 꿈자랑 과정의 편성 · 운영 지침에서도 '만 5세 유아는 유 · 초연계 꿈자람 과정에 의거하여 교육내용, 생활지도, 교육환경 등의 학교생활 전반적인 분야를 연계'하는 것을 강조하고 있다. 더불어 대전시 유아교육진흥원에서는 유 · 초연계 환경모델인 '꿈자람 교실'을 개발하고, 꿈자람 과정을 체험하는 「꿈자람 프로그램」을 개발하여 운영하고 있다.

그림 3-11
대전광역시 유아교육진흥원의 꿈자람 교실

「꿈자람 프로그램」은 그림 3-12 와 같이 '유 · 초연계 꿈자랑 과정(누리과정 내용영역)–유치원교육과의 관련 영역(유치원 흥미영역)–초등학교 교육과정 교과영역(초등학교 교과)'과의 연계를 고려한 체험활동으로 구성되어 있다. 이는 교육과정을 넘어 환경, 생활지도 등 전반적인 분야에서 유 · 초연계를 강조하였다는 점에서 고무적이다.

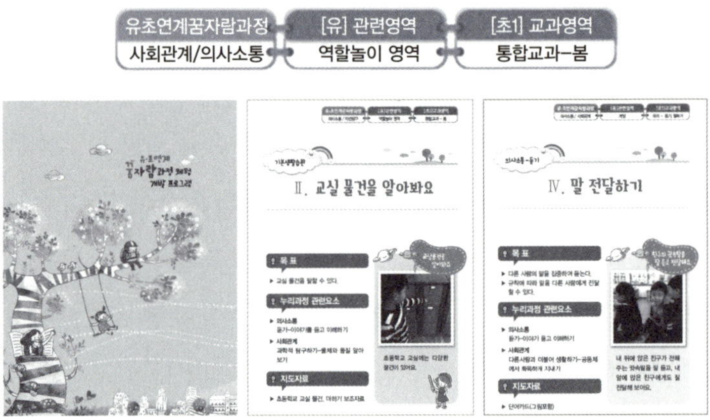

그림 3-12 유 · 초연계 꿈자랑 과정 체험 개발 프로그램 활동의 예

시 · 도별 초등학교 교육과정 편성 · 운영 지침에 나타난 유 · 초연계

각 시 · 도별 초등학교 교육과정 편성 · 운영 지침은 유 · 초연계와 관련하여 공통적으로 강조하고 있는 부분과 각 시 · 도별로 특색을 가지는 내용으로 구분될 수 있다. 각 시 · 도별 초등학교 교육과정 편성 · 운영 지침에서 유 · 초연계와 관련하여 공통적으로 강조하고 있는 내용은 다음과 같다.

첫째, 바른생활, 슬기로운 생활, 즐거운 생활의 통합교과와 창의적 체험활동 중 안전한 생활의 교수 · 학습 방향에 누리과정과의 연계를 고려하라는 내용이 공통적으로 강조되고 있다.

둘째, 대다수의 시 · 도 교육청에서는 1학년 학생들의 입학 초기 적응을 돕기 위해, 주로 3월 초 교과를 편성하지 않고 창의적 체험활동 시간을 활용하여 집중적으로 입학 초기 적응 프로그램을 편성 · 운영하는 내용이 공통적으로 강조되고 있다. 입학 초기 적응 프로그램의 예를 살펴보면 그림 3-13 과 같다. 제주특별자치도교육청에서는 「출발! 1학년 첫걸음」, 강원도교육청에서는 「야! 신나는 1학년」, 대전광역시교육청에서는 「창의적 체험활동 행복한 학교생활」, 경기도교육청에서는 「학교야 안녕!」, 전라북도교육청에서는 「두근두근 1학년」 자료를 시 · 도 교육청 차원에서 개발하여 보급하고 있다. 이는 2015 개정 초등학교 교육과정 편성 · 운영기준에 입학 초기 적응에 대한 내용을 포함하고 있는 것과 연결된다.

제주특별자치도교육청	전라북도교육청	경기도교육청
① 즐거운 우리 학교	① 새롭게 만나는 우리학교	① 1학년이 되었어요
② 함께하는 즐거움	② 더불어 행복한 우리학교	② 학교는 즐거워요
③ 스스로 하는 어린이	③ 배움이 즐거운 우리학교	③ 나는 소중해요
④ 재미있는 공부		④ 사이좋게 지내요
		⑤ 안전하게 생활해요

그림 3-13 초등학교 1학년 입학 초기 적응 교육자료

이진영(2019)[68]에 따르면 초등학교 1학년 교사들은 입학 초기 적응활동은 '학습 격차의 해소'보다는 '학교생활의 적응'이 우선시되어야 한다고 인식하는 것으로 나타났다. 그러나 일부 시 · 도 교육청에서 사용하는 교재들은 학교생활의 적응보다는 선 긋기, 글쓰기, 가위질하기, 숫자쓰기 등 초등학생으로의 준비에 대한 내용이 주를 이루고 있다. 따라서 입학 초기 적응활동 프로그램의 목적을 고려하여 활동의 내용과 비율을 조절해야 할 필요가 있다.

시 · 도 교육청 초등학교 교육과정 편성 · 운영 지침 중 유 · 초 연계와 관련하여 특색 있는 내용이 제시되어 있는 서울특별시와 강원도교육청의 사례를 살펴보면 다음과 같다.

서울특별시 교육청은 2017년부터 초등학교 1, 2학년을 위한 '안성(안전과 성장)맞춤 교육과정'을 실시하였다. '안성맞춤 교육과정'은 초등학교 1~2학년 학생들의 안정적이고 행복한 학교생활 적응을 위해 마련된 교육과정으로 학생 배움 중심의 맞

그림 3-14
서울특별시 안성맞춤 교육과정

춤형 교육과정이라는 슬로건 하에 실시되고 있다. 특히 선행 학습이 필요 없는 한글 및 수학 교육활동, 학습 부담 감소로 자기주도적인 학습능력을 신장하는 교육, 학습자의 흥미와 지속적 관심을 갖고 참여하게 하는 놀이 중심 교육활동 등을 주요 활동에 포함하고 있다. 그리고 초등학교 1~2학년 담임 및 지도 경험이 풍부한 교사들을 중심으로 초등 1~2학년 전문 담임제, 연임제 등 안성맞춤 학년제를 운영하고, 학생들의 놀 권리 보장을 위해 교실 안팎의 다양한 놀이환경 조성과 자유놀이 시간을 확보하는 등의 내용을 포함하고 있다.

마지막으로 강원도교육청도 서울특별시교육청과 마찬가지로 초등학교 1학년 학생들이 두려움 없이 배우고 안정적으로 정착할 수 있도록 교실 내외 수업환경을 친근감 있게 구성하고, 2교시를 합쳐 90분 수업으로 운영하는 블록타임 수업과 중간놀이 시간을 편성하며 놀이와 연계된 교육경험을 제공하도록 하였다. 그리고 교육과정 연계를 위하여 5세 누리과정과 초등학교 1~2학년군 연계를 위한 성취기준 비교 내용을 제시하고 있다.

표 3-5 강원도교육청의 초등학교 교육과정 편성·운영 지침

- 1학년 입학생에게 학습활동에 대한 심리적 부담으로 학교생활에 대한 저항감을 주지 않도록 유의하고, 급격한 환경 변화를 주지 않기 위하여 교실 내외 수업환경은 입학생에게 친근감이 가도록 구성한다.
- 탄력적 교육과정 운영을 통해 수업 전, 수업 중간, 수업 후에 학생의 휴식 및 놀이시간을 충분히 보장한다. 특히 블록타임 수업 및 중간놀이시간 편성을 권장한다.
- 학생에게 교과, 창의적 체험활동, 방과 후 프로그램 등에서 놀이와 연계된 교육경험을 제공하도록 노력한다.

※ 주: 강원도교육청 (2018). 강원도 초등학교 교육과정 편성·운영지침. 강원도교육청 고시 제2018-14호. 에서 일부 발췌.

각 시 · 도별 교육과정 편성 · 운영 지침에 나타난 유 · 초연계의 내용을 요약한 결과, 유치원의 경우에는 두 학교급 교원 간의 교류활동과 상호교류 행사 등 주로 유 · 초연계의 방법적 측면 위주로 제시되었다. 초등학교의 경우에는 국가수준 교육과정을 반영하여 창의체험시간 때에 집중적으로 입학 초기 적응 프로그램을 편성 · 운영하고, 일부 교과의 교수 · 학습 방향에 누리과정과의 연계를 고려하도록 명시되어 있다. 대다수의 시 · 도 교육청에서는 유 · 초연계와 관련하여 공통적인 내용을 제시하였다. 그러나 유 · 초연계교육을 특색사업 또는 중점 방향으로 선정한 몇몇 시 · 도 교육청은 교육내용뿐 아니라 교육환경, 일과운영 등 다양한 영역에서 경험의 계속성을 고려하여 유 · 초연계를 실시할 것을 권고하고 있다.

학교수준 교육과정에서의 유 · 초연계

학교수준에서의 교육과정 개발은 국가수준, 지역수준에서 개발된 교육과정 정책을 학교 현장에 적합하도록 수정하거나, 이미 개발된 여러 교육과정 또는 학교의 특수성에 비추어 별도의 교육과정 자료를 개발하는 데 따르는 일련의 활동이다.[69] 학교수준에서 교육과정을 편성하는 것은 학교수준의 의사결정권이 상대적으로 높아진 상태에서 교사의 자율성과 전문성을 신장시키는 기회의 제공, 교육과정 결정과정에 다양한 관계자들의 민주적 참여 보장, 학생과 지역사회의 요구에 적합한 교육과정 운영, 교육과정 내용의 다양화, 교육과정 적용의 실효성을 가능하게 한다.[70] 이를 통해 교육의 질을 높이는 데 기여한다는 점에서 그 의의와 필요성이 강조된다. 본 절에서는 2019년 정보 공시 사이트에 탑재된 유치원 운영계획서와 초등학교 교육과정 편성 · 운영 및 평가서와 교육운영 특색사업 계획서를 중심으로 학교수준 교육과정에서의 유 · 초연계를 살펴보고자 한다.

유치원 교육과정에서의 유 · 초연계

서울시에 소재한 유치원 중 설립 유형별로 무선 표집한 50개원(공립 단설 10개, 공립 병설 8개, 사립 21개, 법인 11개)의 2019학년도 운영계획서를 분석한 결과, 유 · 초연계에 대한 내용이 제시되어 있는 원은 29개로 나타났다.

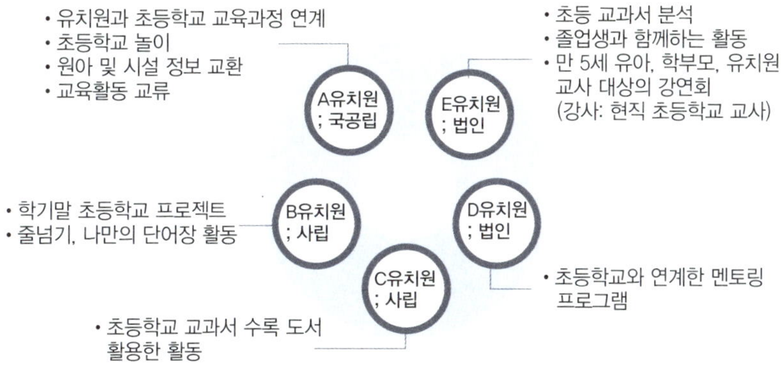

그림 3-15 유치원 교육과정에서의 유 · 초연계*

* 유치원 알리미 사이트 http://e-childschoolinfo.moe.go.kr 에서 일부 내용 발췌.

설립 유형별로 유·초연계의 대표적인 사례를 살펴보면 다음과 같다. 먼저, 국공립유치원인 A유치원에서는 서울특별시 교육청의 교육과정 편성·운영 지침에 따라 '서울시 안전과 성장 맞춤 교육과정'을 운영하였다. 초등학교와 지리적, 행정적 접근성이 뛰어난 국공립유치원의 특성을 살려 초등학교 교원과 함께 유·초연계 교육과정을 운영하고자 계획하였다. 유치원 만 5세 교사는 5세 교육과정과 초등학교 교과서 분석, 5세 누리과정과 초등학교 1학년 교육과정의 연계성과 유사성을 파악하여 교육과정상의 연계 도모, 학기말에 역할놀이영역에서 '초등학교 놀이' 전개, 언어영역에 초등학교 교과서를 제시하여 개별 및 소집단으로 탐색하도록 하였다. 초등학교 1학년 교사는 원아에 대한 정보와 유치원 및 초등학교 시설의 특징 정보 교환, 유치원 및 초등학교 교육활동 내용 교류, 유치원 시설 견학을 통한 1학년 교실환경을 재정비하였다. 이를 통해 체계적인 연계활동을 추진하고 상호수업형태 이해 및 수업내용을 보완하며 유아의 초등학교에 대한 심리적 부담감을 해소하여 입학 초기 학습 및 생활 적응력을 도모, 나아가 유아의 지속적인 성장과 발달에 도움을 줄 수 있을 것이라는 기대효과를 가지고 있다.

다음으로 사립유치원인 C유치원은 2015 개정 초등학교 교과서에 수록된 도서를 활용한 유·초연계 활동을 계획하였다. 예를 들어, '숨바꼭질 ㄱㄴㄷ' 책을 읽고 자음 ㄱ~ㅎ과 연관된 동물을 찾아보고 '내 몸으로 한글을 표현해요' 신체활동을 진행하거나 '딴 생각하지 말고 귀 기울여요' 책을 읽고 다른 사람의 말을 주의 깊게 듣는 태도를 기르기 위해 '소곤소곤 귓속말 전달하기' 게임 등을 계획하여 실행하였다. C유치원은 초등학교의 학습내용을 미리 놀이 형태로 경험할 수 있는 활동을 개발하여 실행하였다.

마지막으로 법인유치원 중 D전문대학 부속 D유치원은 2019학년도 교육 노력 중점 및 특색사업 중 하나로 '초등학교와 연계한 멘토링 프로그램'을 계획하여 운영하고 있다. 본 프로그램은 현대사회의 핵가족화로 인해 형제애를 경험하기 어려운 유아들(멘티: 만 5세)과 초등학교 3학년 아동(멘토)이 지속적인 관계 맺음을 통해 형제간의 우애, 우정의 기회를 제공하는 취지에서 운영되고 있다. 매주 1회 1시간씩 1년 동안 멘티를 위해 돕고 싶은 내용을 멘토들이 의논하여 그룹게임, 언어, 미술활동, 기본생활습관, 수업 내 활동 지원, 초등준비 등의 활동을 멘티와 함께 진행하는 형식으로 운영되고 있다.

초등학교 교육과정에서의 유·초연계

서울시에 소재한 초등학교 중 무선 표집한 50개 원(공립 47개, 사립 3개)의 2019학년도 교육과정 편성·운영 및 평가서와 교육운영 특색사업 계획서를 분석한 결과 다음과 같은 특징이 나타났다.

첫째, 다수의 초등학교 교육과정 편성·운영 및 평가서에는 공통적으로 창의적 체험활동 중 자율활동 '입학 초기 적응활동'에 유·초연계 관련 내용이 포함되어 있었다. 취학 전 유치원 교육과정과 후속 통합교과와 연계성이 확보될 수 있도록 학습내용 및 방법, 자료를 선정하도록 하였으나 이와 관련된 구체적인 내용은 제시되어 있지 않았다.

둘째, 일부 학교의 교육운영 특색사업 계획서에는 블록타임 운영으로 중간놀이시간 확보, 복도 및 운동장을 활용하여 놀이공간 확보 등이 제시되어 있었다. 예를 들어, A초등학교는 '스포츠클럽을 통한 놀이문화 확산'을 위하여 운동장 걷기, 줄넘기, 야구, 농구, 축구, 배드민턴 등과 같은 스포츠활동과 자유놀이 또는 고누, 고무줄놀이, 제기차기, 공기놀이, 줄넘기, 투호, 딱지치기 등과 같은 전통놀이를 운영하였다. B초등학교는 놀이의 시간과 공간, 내용 확보 및 놀이환경 조성을 통하여 학생의 놀 권리 보장하고, 자율적인 놀이 문화를 형성하기 위해 '더 놀자 학교'를 운영하였다. 체육관 4층에 'Play 195'라는 공간을 설치하여 넓은 화이트보드에 자유롭게 표현하는 공간인 '표현 공간', 순발력 운동기구와 농구를 하는 '도전 공간', 푹신한 공간에서 친구들과 다양한 보드게임을 즐기는 '놀이공간'에서 창의체험시간을 활용하여 놀이하도록 하였다. 또한 C초등학교의 경우, 놀이를 통해 수학 교과 학습의 기반이 되는 수학적 소양을 형성하기 위해 주당 2시간씩 창의수학시간을 가졌다. 이 중 1학년은 탱그램, 펜토미노, 마방진, 홀-짝 뛰뛰기, 내 머리는 컴퓨터활동(쌓기나무 블록으로 쌓은 모양을 기억하여 똑같이 쌓기) 등 구체물을 활용하여 창의놀이수학을 하였다.

이상을 살펴본 결과, 유치원의 경우에는 기관 유형의 특색을 살려 각 유치원만의 유·초연계 교육과정을 계획하고 운영하는 것으로 나타났다. 특히 국공립유치원과 동일한 재단 소속 초등학교가 있는 법인유치원의 경우, 초등학교와 지리적·행정적 접근성이 뛰어나 초등학교 교원 및 아동들과 협력하는 기회가 사립유치원에 비해 상대적으로 많았다. 반면 사립유치원은 초등학교와의 교류보다는 초등학교 생활과 환경을 미리 경험해보는 형태로 이루어지는 양상을 보였다. 초등학교의 경우에는 직접적으로 유·초연계와 관련된 활동을 제시하지는 않았지만 놀이 및 구체물을 교수매체로 사용하는 등 유치원에서 주로 사용하는 교수·학습방법을 연계하여 활용하는 모습을 볼 수 있었다.

닫는 글

학교급 간 교육내용의 동질성, 유치원 유아와 초등학교 저학년 아동발달의 유사성, 교육과정 운영의 효율성 측면에서 유·초연계교육은 매우 중요하다.[71] 이러한 유·초연계교육에 있어 핵심 쟁점은 유·초연계에 대한 개념을 협의의 개념인 전이로 보느냐, 광의의 개념인 계속성으로 보느냐와 학습자인 유아와 학습제공자인 유아교육기관과 초등학교 중 누가 준비되어야 하느냐이다. 이상의 핵심 쟁점에 기초하여 국내외 교육과정에서의 유·초연계교육 실태 및 개선방향을 살펴본 결과는 다음과 같다.

국외의 유 · 초연계교육과정을 살펴본 결과, 국가가 처한 정치 및 사회 · 문화적 상황과 학제 등에 따라 유 · 초연계교육을 위한 교육과정 개발 및 운영의 형태는 다양하게 나타났다. 그러나 공통적으로 유아의 발달을 지원하고, 연속성 있는 교육을 위해 ECEC와 초등학교 교육과정을 연계시키는 흐름을 보였다. 또한 유아들이 유아교육기관에서 초등학교로 전이하는 과정에서 긍정적인 감정을 느낄 수 있도록 유아를 둘러싼 다양한 인적 · 물적 환경들이 협력체계를 구축하여 지원하여야 한다고 제안하였다. 즉, 유아를 위해 학교와 주위 사람들이 준비되어야 함을 강조하고 있다.

반면 우리나라의 유아교육은 공교육체제에 포함되지 않기 때문에 교육과정 개발 단계에서부터 유치원과 초등학교 교육과정의 연계가 고려되기는 쉽지 않았다. 그리고 유아교육과정의 경우, 초등학교 교육과정과의 문서체계 통일, 방법적 측면의 연계를 강조하여 실질적으로 유아교육 현장에서의 실행으로 이어지기는 쉽지 않은 현실이다. 이는 각 시 · 도 교육청 유치원 교육과정 편성 · 운영 지침에서도 마찬가지였다. 반면 유아교육 현장에서는 유치원의 기관 유형, 지역 특성 및 각 유치원이 처한 상황에 따라 차이는 있지만 각 유치원마다 특색 있는 유 · 초연계교육을 실행하기 위해 노력하고 있었다. 그러나 대다수의 유치원들이 만 5세와 초등학교 1학년의 접합점 시기에 이루어지는 단편적인 전이활동과 단순 교류활동으로 유 · 초연계교육을 전개하였다. 이는 유 · 초연계교육의 개념을 협의적인 전이의 개념으로 바라보고, 기관에 맞춰 유아가 준비되어야 한다는 인식을 유아들에게 심어줄 수 있다.

초등학교 교육과정에서의 유·초연계교육은 비록 초등학교 현장에서의 실행은 다소 부족하지만 국가수준 교육과정과 지역수준 교육과정에서는 교육의 계속성 차원을 고려하여 교육과정이 바뀌어가고 있다. 특히 2015 개정 초등교육과정의 경우, 유·초연계교육에 대해 선언적으로 명시한 것뿐 아니라 개발과정에서 유아교육 전문가가 함께 참여하여 누리과정과의 연계를 고려하여 교육내용을 조절하였다는 점에서 매우 의미가 있다. 이러한 국가수준 교육과정의 변화는 시·도 교육청 초등학교 교육과정 편성·운영 지침에도 반영되었다. 그리고 소수이기는 하나 초등학교의 복도와 운동장 또는 교실의 한 공간을 할애하여 유치원처럼 놀이공간을 만들고, 블록타임제를 실시하여 중간놀이시간을 운영하며, 놀잇감을 교수·학습자료로 활용하는 등의 변화도 눈에 띈다. 즉, 유아를 위해 학교가 준비되어지려는 움직임이 보이기 시작한 것이다.

여전히 다수의 초등학교 교사들은 유아교육이 공교육체제에 포함되지 않기 때문에 유·초연계교육의 필요성과 중요성을 크게 인식하지 못하는 것으로 나타난다.[72] 그러면 이러한 몇몇의 유의미한 변화의 움직임은 무엇 때문일까? 앞서 언급한 국가수준 교육과정의 변화와 이를 바탕으로 한 시·도 교육청의 정책 영향이라 볼 수 있다. 초등학교 현장에서 유·초연계교육의 의미 있는 변화를 주도한 대표적 사례는 대전광역시 교육청의 '꿈자람 과정'과 서울특별시교육청의 '안성맞춤 교육과정'이다. 유·초연계교육 실행을 위한 환경 정비 예산 책정,

교사 연수 개최, 유 · 초연계 프로그램 개발 등의 지원은 현장에서의 유 · 초연계교육 실행에 큰 원동력이 될 수 있다.

한편, 유치원에서 초등학교로 전이하는 과정에서 유아가 긍정적인 정서를 느끼며 원활하게 전이하기 위해서는 두 학교급의 동질성은 계속성 차원에서 확대 · 확장하고, 이질성은 연결해주는 방향으로 유 · 초연계교육이 이루어져야 한다.[73] 이를 위해서는 광의적 개념으로 유 · 초연계교육을 바라보고, 학습자를 위해 준비되는 지원체계들의 협력 시스템이 구축되도록 국가수준 교육과정과 지역 시 · 도 교육청, 그리고 유치원과 초등학교 현장에서의 노력이 지속되어야 할 것이다.

생각해 봅시다

1. 2019 개정 누리과정의 내용영역과 2015 개정 초등학교 교육과정의 교과내용을 연결해봅시다. 그리고 2019 개정 누리과정의 교육내용 축소가 유 · 초연계교육에 미치는 영향에 대해 생각해봅시다.

2. 유치원과 초등학교 교육현장에서 유 · 초연계교육을 실행할 수 있는 지원 방안에 대해 생각해봅시다.

한 번 더 읽어볼 만한 책

1. 장명림, 현주, 박균열, 이정욱 (2014). **유아교육과 초등교육 연계 강화 방안 연구**. 서울: 한국교육개발원.

2. Tyler, R. W. (1988). **교육과정과 학습지도의 기본원리** [*Basic principle of curriculum and instruction*]. (이해명 역). 서울: 교육과학사.

참고문헌

1) O'Kane, M. (2016). *Transition from preschool to primary school*. Dublin, Ireland: National Council for Curriculum and Assessment.

2) 김창복, 김혜원 (2015). 유치원과 초등학교 연계 정책 방안에 대한 토론. 제84차 KEDI 교육정책포럼 토론자료. **유치원과 초등학교 연계 실태와 정책 방안 모색**, 67–72. 10월 23일 한국교육개발원 신관 제1회의실.

3) Dockett, S., & Perry, B. (2003). The transition to school: What's important?. *Educational Leadership, 60*(7), 30–33.

4) Dockett, S., & Perry, B. (2004). What makes a successful transition to school? Views of Australian parents and teachers. *International Journal of Early Years Education, 12*(3), 217–230.

5) Pianta, R. C., Rimm-Kaufman, S. E., & Cox, M. J. (1999). Introduction: An ecological approach to kindergarten transition. In R. C. Pianta, & M. J. Cox (Eds.), *The transit on to kindergarten* (pp. 3–12). Baltimore: Paul H. Brookes.

6) Yeboah, D. A. (2002). Enhancing transition from early childhood phase to primary education: evidence from the research literature. *Early Years: An International Journal of Research and Development, 22*(1), 51–68.

7) 한국유아교육학회 (2011). **유아교육백서(2006–2010).** 파주: 양서원.

8) 윤은주 (2010). 유 · 초 연계의 재개념화: Dewey와 Nodding의 연속성을 기반으로. **유아교육학논집, 14**(6), 273–292.

9) 박진이 (2017). 유치원 만 5세와 초등학교 1학년 수학수업에서 나타나는 연계의 모습. 덕성여자대학교 대학원 박사학위논문.

10) 양지애 (2017). 유치원 교사를 위한 유 · 초연계교육 교사연수 프로그램 개발. 덕성여자대학교 대학원 박사학위논문.

11) 8)과 동일

12) OECD (2012). *Starting strong Ⅲ: a quality toolbox for early childhood education and care*. Paris, France: OECD.

13) OECD (2017). *Starting strong V: transitions from early childhood education and care to primary education, starting strong*. OECD Publishing, Paris.

14) Vrinioti, K., Einarsdottir, J., & Broström, S. (2010). Transitions from Preschool to Primary School. In Müller, H. (Ed.), *Transition from pre-school to school: emphasizing early literacy-comments and reflections by researchers from eight European countries* (pp. 16–20). Cologne: EU-Agency, Regional

Government for Cologne/Germany.
15) 김도란, 박수경 (2016). 만 5세 하늘반 유아들이 경험한 '초등학교에 가요'. 미래 **유아교육학회지, 23**(4), 73-97.
16) 김민진 (2008). 초등학교 1학년 아동의 입학 초기 학교생활 적응에 대한 연구. **교육과학연구, 39**(1), 181-210.
17) 이경순 (2006). 초등학교 입학에 대한 유아의 이해. **아동학회지, 27**(6), 245-248.
18) 정대현, 임희수 (2016). 초등학교 1학년 아동이 지각한 누리과정과 초등교육과정의 연계 경험. **생태유아교육연구, 15**(2), 251-271.
19) Einarsottir, J. (2013). Transition from preschool to primary school in Iceland from the perspectives of children. In L. Margetts, & A. Kienig(Eds.), *International perspectives on transition to school: reconceptualising beliefs, policy and practice*. New York: Routledge.
20) Margetts, K. (2013). What new children need to know: Children's perspectives of starting school. In K. Margetts, & A. Kienig(Eds), *International perspectives on transition to school: reconceptualising beliefs, policy and practice*. New York: Routledge.
21) Brostrom, S. (2000). Communication & continuity in the transition from kindergarten to school in Denmark. EECERA 10th European Conference on Quality in Early Childhood Education, University of London, 29, Aug. to 1 Sept.
22) Laverick, D. M., & Jalongo, M. R. (Ed.) (2011). *Transition to early care and education: international perspectives on making schools ready for young children*. London: Springer.
23) Unicef (2012). *School readiness and transitions. a companion to the child friendly schools manual.* UNICEF. New York, NY: UNICEF.
24) 장명림, 장혜진, 이환기, 이승미, 송신영, 최미미 (2012). **5세 누리과정과 초등학교교육과정 및 3 · 4세 연계 방안 연구**. 서울: 육아정책연구소.
25) 13)과 동일
26) Scottish Government (2014), *Building the ambition: national practice guidance on early learning and childcare children and young people (Scotland) Act 2014, Scottish Government, Edinburgh*, Scottish Government, Edinburgh, http://www.gov.scot/Resource/0045/00458455.pdf (accessed on 13 December 2018).
27) Priestley, M., & Humes, W. (2010). The development of Scotland's curriculum for excellence: Amnesia and déjà vu. *Oxford Review of Education, 36*(3), 345-361.
28) 임유나 (2016). 2015 개정 교육과정의 핵심역량 제시 방식 검토와 스코틀랜드의 'Curriculum for Excellence' 분석을 통한 시사점 탐색. **학습자중심교과교육연구,**

16(5), 143–167.

29) Shuey, E. A., Kim, N., Cortazar, A., Poblete, X., Rivera, L., Lagos, M. J., ... & Engel, A. (2019). ***Curriculum alignment and progression between early childhood education and care and primary school: A brief review and case studies***. OECD Education Working Paper, N. 193, OECD Publishing, Paris.

30) OECD (2005). ***Definition and selection of key competencies-executive summary.*** OECD Publishing, Paris.

31) 임유나 (2017). 미래사회 대비 학생역량 강화를 위한 스코틀랜드의 'Curriculum for Excellence'. **교육개발웹진, 44**(1). http://edzine.kedi.re.kr/2017_3m/contents/contents_040.jsp.

32) 29)와 동일

33) Victoria State Government, Department of Education and Training (2017). ***Transition: a positive start to school,*** https://www.education.vic.gov.au/Documents/childhood/professionals/learning/Transition-to-School-Resource-Kit.pdf.

34) Victoria State Government, Department of Education and Training (2017). ***Early Childhood Reform Plan***, https://www.education.vic.gov.au/Documents/about/educationstate/ec-reformplan.pdf (accessed on 13 December 2018).

35) https://www.edb.gov.hk/attachment/en/curriculum-development/major-level-of-edu/preprimary/ENG_KGECG_2017.pdf.

36) https://www.edb.gov.hk/attachment/en/curriculum-development/major-level-of-edu/preprimary/pre-primaryguide-net_en.pdf.

37) https:/www.edb.go.hk/attachment/en/curriculum-development/major-level-of-edu/preprimary/pre-primaryguide-net_en.pdf.

38) https://www.edb.gov.hk/attachment/en/curriculum-development/major-level-of-edu/preprimary/ENG_KGECG_2017.pdf.

39) Alila, K. (2017). Finnish country note on transitions in ECEC: Review of policies and practices for transitions from early childhood education and care to primary education. Ministry of Education and Culture, Finland. Retrieved from http://minedu.fi/en/Publication?pubid=URN:ISBN:978-952-263-481-8.

40) http://www.kicce.re.kr/main/board/view.do?menu_idx=79&editMode=ADD&board_idx=25908&manage_idx=72&old_menu_idx=0&old_manage_idx=0&old_board_idx=0&group_depth=0&parent_idx=0&group_idx=0&group_ord=0&viewMode=NORMAL&country_name=%25&search_type=title&yearData=%25&search_text=%EC%97%B0%EA%B3%84&rowCount=10&viewPage=1&viewPage=1.

41) 정수정 (2018). 독일의 유 · 초등 연계교육 현황. 메일진 해외교육동향, 320호 기획기사 – http://edpolicy.kedi.re.kr/frt/boardView.do?nTbBoardSeq=&s

trCurMenuId=54&nTbCategorySeq=&pageIndex=3&pageCondition=10&nTbBoardArticleSeq=816986&searchTopic=&searchObject=&searchCondition_D=36&searchKeyword_SD=&searchKeyword_ED=&searchCondition_W=6&searchKeyword_W=%EC%97%B0%EA%B3%84).

42) 이수진 (2018). 중국의 유 · 초등 연계교육 현황, 메일진 해외교육동향, 320호 기획기사 – http://edpolicy.kedi.re.kr/frt/boardView.do?nTbBoardSeq=&strCurMenuId=54&nTbCategorySeq=&pageIndex=2&pageCondition=10&nTbBoardArticleSeq=816990&searchTopic=&searchObject=&searchCondition_D=36&searchKeyword_SD=&searchKeyword_ED=&searchCondition_W=6&searchKeyword_W=%EC%97%B0%EA%B3%84).

43) 김은영, 임부연, 강은진, 고영미, 김진숙, 문무경, 이경화, 이미화, 이완정, 이정욱, 정선아 (2019). **2019 개정 누리과정 개정 연구.** 서울: 육아정책연구소.

44) 서경혜 (2016). 교육과정 재구성 논쟁. **교육과정연구, 34**(3), 209–235.

45) 이정욱 (2018). **미래사회를 위한 「3–5세 연령별 누리과정」 개정과 교사의 교육과정 재구성. 예측불가능한 미래와 유아교육과정 재설계 II.** 한국유아교육학회 2018년 추계정기학술대회 자료집. pp.19–35. 11월 3일, 성남: 가천대학교 글로벌캠퍼스 예음홀.

46) 교육부 (1998). **제6차 유치원 교육과정.** 교육부 고시 제1998–10호.

47) 교육인적자원부 (2007). **2007 개정 유치원 교육과정 해설서.**

48) 47)과 동일

49) 교육인적자원부 (2007). **2007 개정 유치원 교육과정.** 개정 고시 제2007–153호.

50) 교육과학기술부 (2012). **3–5세 연령별 누리과정.** 교육과학기술부 고시 제2012–16호.

51) 권점례 (2015). 유치원과 초등학교의 교육과정 연계성 관점에서 본 유치원 교육과정 수준 적합성 연구–누리과정과 초등학교 1~2학년군을 중심으로. **A–수학교육, 54**(2), 143–165.

52) 허난, 문혜련 (2013). 누리과정과 2009 개정 초등학교 수학과 교육과정의 연계성 분석. **한국영유아보육학, 82**, 1–19.

53) 장혜원, 이화영, 임미인(2015). 유치원 교육과정과 초등수학 교육과정의 내용 연계성 분석: 누리과정과 2009 개정 수학과 교육과정을 대상으로. **수학교육학연구, 25**(2), 207–223.

54) 교육부, 보건복지부 (2019). **2019 개정 누리과정 해설서.**

55) 교육부 (2019). **2019 개정 누리과정.** 교육부 고시 제2019–189호.

56) 54)와 동일

57) 문교부 (1987). **제5차 국민학교 교육과정.** 문교부 고시 제1987–9호.

58) 교육부 (1992). **제6차 초등학교 교육과정.** 교육부 고시 제1992–16호.

59) 박재의 (2006). 우리들은 1학년 교과서 외형 체제 분석과 교사 인식에 관한 연구. **교육학논총, 27**(1), 83–112.

60) 교육부 (1997). **제7차 초등학교 교육과정.** 교육부 고시 제1997-15호.

61) 교육인적자원부 (2007). **2007 개정 초등학교 교육과정**. 교육인적자원부 고시 제 2007-79호.

62) 교육과학기술부 (2009). **2009 개정 초등학교 교육과정**. 교육과학기술부 고시 제 2009-41호.

63) 강충열 (2011). 주제별 교과서의 등장: 초등통합교육과정에 주는 의미. **통합교육과정연구, 5**(2), 73-101.

64) 서지영, 김혜숙, 백경선, 가은아 (2014). **국정과제 이행을 위한 초등 1-2학년군 교과용 도서 개선 방안 요구.** 서울: 한국교육과정평가원.

65) 교육부 (2015). **2015 개정 초등학교 교육과정**. 교육부 고시 제2015-74호.

66) 10)과 동일

67) 대전광역시교육청 (2015). **대전광역시 유치원, 초등학교 유 · 초연계 꿈자람 과정**. 대전: 대전광역시 교육청.

68) 이진영 (2019). 초등학교 1학년 입학초기적응활동을 위한 교육과정 편성 및 실행에 대한 사례연구. 경인교육대학교 교육전문대학원 석사학위논문.

69) 이귀윤 (1996). **교육과정연구.** 서울: 교육과학사.

70) 이현숙 (2005). 지역 수준 유치원 교육과정 편성, 운영 지침에 따른 유치원 수준 교육과정 편성 현황. **미래유아교육학회지, 12**(2), 343-362.

71) 24)와 동일

72) 10)과 동일

73) 24)와 동일

맺는 말

이 책은 국가수준 유아교육과정과 관련하여 최근 논의되고 있는 주요 쟁점인 유아·놀이 중심 교육과정, 교육과정의 재구성, 초등교육과정과의 연계성을 통시적 관점에서 살펴보았다. 교육은 사회·문화·역사·정치적 맥락에서 이루어지고, 교육과정은 그 시대의 가치와 요구를 반영한다는 점에서 이들 쟁점이 국가수준 유아교육과정이 개정되는 시기마다 어떻게 반영되어왔는지 고찰하였다. 유아교육과정 개정의 흐름 속에서 지속하여 추구해온 점들이 있는 반면에 변화와 차이가 드러나는 점들도 분명히 있다. 이러한 지속성과 변화에 대한 고찰은 우리에게 미래 유아교육과정이 나아가야 할 바를 모색하는 기회가 될 것이다.

놀이 중심 교육과정과 교육의 의도성

4차 산업혁명이 화두가 되는 시대를 살아갈 우리 아이들에게 요구되는 능력은 감수성과 놀이성이 충만한 창의 · 융합적 사고력과 의미를 만드는 능력이다.[1] 이는 전통적으로 강조해 온 유아 중심과 놀이 중심 교육과정과 맞닿아 있다. 최근 유아 · 놀이 중심 교육과정의 재정립을 강조하는 2019 개정 누리과정은 '유능한 존재로서의 유아', '유아의 참여권', '유아 주도적인 자유놀이'에 주목하고 놀이와 교육과정의 발현성에 주목한다. 유능한 유아는 유아의 부족함이 아니라 유아가 지닌 힘을 북돋워 주기에 초점을 두고, 교사 혼자서 구성하는 교육과정이 아니라 유아가 함께 참여하여 만들어가는 교육과정을 강조한다. 만들어가는 교육과정은 유아가 놀이하며 스스로 배울 수 있음에 주목하고, 유아에게서 발현되는 놀이와 이를 지원하는 과정을 강조한다.

그러나 놀이 중심 교육과정의 강조가 혹여라도 교육의 의도성을 배제하는 것으로 잘못 이해하지는 않아야 할 것이다. 또한, 유아가 주체가 되는 놀이를 통한 배움은 의도적 교수를 배제하는 것으로 오해하지 말아야 할 것이다. 교육은 다음 세대를 가르치고자 하는 목적을 지닌 의도적 행위이므로 교육에서 의도성은 핵심 개념이 되고, 교육기관에서 가르침과 배움은 서로 결합하여 존재한다. 특히, 교육의 의도성은 교수만이 아니라 학습도 포함하는 포괄적인 개념[2]이므로 교사의 의도성만 이 아니라 학습자의 의도성을 함께 논의해야 한다.

교사의 의도성을 뜻하는 의도적 교수[3]는 교사가 유아를 위한 구체적인 성취결과 또는 목적을 마음속에 가지고 행위하는 것을 의미한다. 즉, 교사의 계획적이고 목적을 지닌 사려 깊은 의사결정과 행위를 의미한다. 유아의 놀이를 지원하는 것도 교사가 의도성을 지니고 하는 의사결정이자 행위라고 할 수 있다. 의도적 교수는 교사가 유아의 발달과 학습에 대한 광범위한 지식을 지닐 것을 요구하며, 유아 안내적(child-guided) 및 교사 안내적(teacher-guided)인 교육적 경험의 조합과 교사-유아 간의 상호작용을 통하여 이루어진다.[4] 학습자의 의도성은 세상에 대해 배우고자 하는 본능에서 시작하고 사회적 맥락 속에서 성숙해져간다. 이러한 본능은 배움에 있어서 의도, 계획, 지적 노력을 수반한다.[5] 유아의 내적 충동인 학습 욕구가 유능한 유아를 가능하게 하는 근원이 되는 것이고, 유아는 놀이와 비놀이를 포함하는 다양한 경험에 참여하면서 아이디어와 개념을 구성하는 유능한 사고자가 되는 것이다. 따라서 교육의 의도성 안에서 지식의 공동 구성(co-construction of knowledge)을 하는 가르침과 배움은 서로 연동되는 맥락이므로 놀이를 통한 배움과 유아의 능동적 참여권을 보장하면서 의도적 교육과정의 균형을 찾는 것에 유의해야 할 것이다. 의도적 교수는 유아 스스로 행위 주체(agency)가 되어 독립적으로 목표 성취를 하도록 동기를 유발하는 것임을 이해할 필요가 있다.

더불어, 유아교사의 역할을 돌봄제공자, 안내자, 촉진자, 비계설정자, 공동구성자, 역할 모델까지 광범위하게 제시하면서 의도한 것은 아니겠지만 가르침(teaching)이란 말은 사용하지 않게 하였고, 가르치는 것은 마치 유아 교사의 역할이 아닌 것처럼 생각하게 하였다는 그리스하버(Grieshaber, 2008)[6]의 비판적 지적도 되새겨볼 필요가 있다. 교사 역할의 중요성이 강조되고 있고 가르침의 복잡한 의미에도 불구하고, 가르친다는 것은 유아가 스스로 성장하고 배우는 데 부적절하게 개입하는 것으로 걱정하며 결과적으로 교사가 유아의 배움에서 한 걸음 떨어져 있게 한다는 것이다. 가르침과 배움은 함께 하는 것이고, 가르침은 배움이 있을 때만 의미가 있다는 점을 명심한다면 교사의 전문적 정체성에서 가르침을 제외해야 할 이유를 찾을 수 없다. 유아 · 놀이 중심 교육과정에서 교사의 놀이 지원자 역할을 강조하면서 가르침은 지양해야 할 교사의 역할로 오해하고 있는 것은 아닌지, 교사 즉, 가르치는 사람이라고 스스로 칭하면서도 가르침의 의미를 왜곡하는 것은 아닌지 짚어볼 필요가 있다.

교육과정 재구성과 교사의 행위주체성

우리나라 국가수준의 유아교육과정은 처음 제정에서부터 2019 개정 누리과정에 이르기까지 일관되게 교사의 자율성에 의한 교육과정 재구성을 강조해왔다. 국가수준 유아교육과정은 교실에서 교사가 교육과정을 운영할 때 제각기 자유방임적이고 무궤도한 교육과정 운영이 되지 않도록 준거로 삼아야 할 전국 공통적이고 일반적인 지침[7]이고, 교사는 이를 기준으로 교실에서 자율적으로 교육과정을 재구성하라는 것이다. 특히, 국가수준 교육과정에서 교육내용을 영역으로 구분하여 제시하였지만, 교사는 이를 독립된 교과로 간주하지 말고 교실에서 이들 영역의 내용을 서로 연계하여 통합적으로 재구성하여 교육과정을 운영하라고 명시하고 있다. 그뿐만 아니라, 타 학교급과 달리 유아교육 현장에서는 교육과정을 구현하는 매체로 교과서에 의한 수업을 하지 않기에 교실 교육과정의 실행은 개별 교사의 소관이 된다. 따라서 유아 교사에게 부여된 교육과정 운영의 자율성은 매우 높고 교육과정의 재구성은 필수가 된다.

유아교육기관의 철학과 교육관을 토대로 국가수준 교육과정을 재구성하여 양질의 교육과정으로 운영하는 곳도 있으나, 교육과정 구성의 자율성을 너무 크고 벅차게 느끼는 교사들이 많았다. 교사들은 어떻게 국가수준 교육과정의 영역별 내용을 통합해야 할지 혼란과 어려움을 호소하였다. 외국에서 수입한 무분별한 교육 프로그램이나 상업적으로 만들어진 프로그램을 구입하여 운영하거나, 유아교육용 잡지와 인터넷 사이트, 또는 교육부가 교사들을 지원하기 위해 개발·보급한 교사용 활동자료에 의존하여 교육과정을 운영하는 부작용을 가져왔다. 특히, 3–5세 연령별 누리과정의 제정과 함께 교사 책무성이 강화되는 교육환경에서 교단 지원 자료인 교사용 지도서가 마치 교과서처럼 사용되어 교육과정의 획일화를 초래한다는 논란을 불러왔다. 교사용 지도서가 요리책의 요리법처럼 누구나가 그대로 따라 하면 동일한 결과를 산출하는 처방전으로 간주되고, 결과적으로 어떤 교사라도 사용할 수 있는 교사와 무관한 교육과정, 교사 배제 교육과정(teacher-proof curriculum)[8]을 초래한다는 것이다. 이와 동시에 3-5세 연령별 누리과정이 너무 구체적이고 세밀하게 기술되어 있어 교사의 교육과정 자율성을 저해한다는 지적도 이어졌다.

최근 교육부[9]는 유아교육 혁신방안을 발표하면서 교사의 교육과정 자율성 확대를 기본 방향으로 제시하였다. 이에 2019 개정 누리과정은 교육과정을 대강화하여 국가수준 교육과정의 기준을 최소한으로 제시하고 교육내용을 간략화함으로써 교사의 교육과정 자율성을 강화하고 있다. 오랫동안 교육과정이 외부에서 주어지는 것이 아니라 교사가 교실에서 만들어 가는 것임이 강조하였으나 교실 교육과정에서 잘 실행되지 않았던 원인이 국가수준 교육과정의 상세화에 있다고 판단하고 고시문의 세부지침을 간략화한 것이다.

교사의 교육과정 자율성 확대를 위해서는 국가수준 교육과정에만 초점을 둘 것이 아니라 교사의 행위주체성(teacher agency)에 보다 주목할 필요가 있다. '교사 행위주체성'은 사회학에서 오랫동안 논의되어 온 '행위주체성(agency)' 개념을 교사의 교육실천과 관련지어 이론화하려는 개념이다.[10] 교육개혁이나 교육변화를 이끌기 위해서는 교사가 그 주체가 되어야 한다는 인식이 교사의 역할과 능력의 중요성을 강조하고, 교사의 전문성과 주체성에 관심을 기울이게 하였다. 주어진 교육과정의 실행자가 아니라 능동적으로 교육과정을 만들어 가는 교사라는 인식은 교육과정 개발자로서 교사의 행위주체성을 요구한다.

소경희(2018),[11] 프리스틀리와 필리포(Priestley & Philippou, 2018)[12]에 의하면, 교사 행위주체성은 개인이 가지고 있는 능력이 아니라, 특정 맥락에서 '성취'될 수 있는 어떤 것으로 이해해야 하고, 교사를 둘러싼 구조나 문화적 조건들이 교사의 주체적인 행위의 성취에 영향을 준다. 또한, 교사가 행위주체성을 성취하는 과정에서 나타나는 교육실천은 국가가 정책적으로 요구하는 교육 변화에 적극적으로 따르는 것만이 아니라 변화에 대한 저항과 침묵도 가능함을 이해할 필요가 있다.[13] 이는 교사의 교육과정 자율성 강화를 위해 교사 개인의 자질이나 능력 측면에 초점을 두고 교사훈련이나 연수를 강조하는 것으로는 불충분함을 시사한다. 교사가 처한 상황과 교육현장의 구조 및 문화를 파악하고 지원하는 것이 동반되어야 함을 알려준다. 그 예로써 허정민과 이진희(2019)[14]는 유아교사들이 행위주체성을 가지고 교육과정을 운영하기 위해 배움 공동체의 조직문화가 확산되어야 하고, 현행 유치원 및 어린이집 기관평가의 방법과 내용의 변화가 필요하다고 제안한 바 있다.

따라서 '교사 행위주체성' 개념은 유아 교사의 교육과정 자율성 확대를 위한 개념적 틀이 될 수 있다. '교사 행위주체성'이란 개념으로 2019 개정 누리과정에 따른 교사의 교육과정 자율성 확대가 어떻게 교육현장에서 실천되는지, 다면적이고 복잡한 양상을 이해할 수 있을 것이다. 이를 통해 국가수준 교육과정을 재구성하여 교실 교육과정을 만들어가는 데 교사 행위주체성의 성취를 촉진할 수 있는 맥락적 조건을 파악하고 실효성 있는 지원 방안을 구체화할 수 있을 것이다.

유아교육자들의 끊임없는 새로운 교육을 향한 연구와 실천, 교수 · 학습방법과 내용에 있어서의 새로운 도전, 학교 문화의 자율과 민주화를 위한 노력, 아동의 개별성과 흥미를 고려한 크고 작은 교육실천들을 통해 미래 교육과정이 나아가야 할 바를 모색할 수 있을 것이다.

참고 문헌

1) 다니엘 핑크 (2012). **새로운 미래가 온다.** 서울: 한국경제신문사.

2) Leggett, N., & Ford, M. (2013). A fine balance: understanding the roles educators and children play as intentional teachers and intentional learners within the early years learning framework. *Australasian Journal of Early Childhood, 38*(4).

3) Epstein, A. S. (2015). *The intentional teacher: choosing the best strategies for young children's learning*(Revised edition). NAEYC.

4) 3)과 동일

5) Bereiter, C., & Scardamalia, M. (1989). Intentional learning as a goal of instruction: essays in honor of Robert Glasser. In L. Resnick (Ed.), *Knowing, learning and instruction*(pp.361–392). London: Routledge.

6) Grieshaber, S. (2008). Interpreting stereotypes: teaching and the education of young children. *Early education and development, 19*(3), 505–518.

7) 교육부 (1992). **제5차 유치원교육과정 해설서.** 교육부 고시 제1992–15호.

8) Taylor, M. W. (2013). Replacing the 'teacher–proof' curriculum with the 'curriculum–proof' teacher: toward more effective interactions with mathematics textbooks. *Journal of Curriculum Studies, 45*(3), 295–321.

9) 교육부 (2018). **공공성 강화를 통한 유아교육 혁신방안.**

10) 소경희, 최유리 (2018). 학교 중심 교육 개혁 맥락에서 교사의 실천 이해: '교사 행위주체성' 개념을 중심으로. **교육과정연구, 36**(1), 91–112.

11) 10)과 동일

12) Priestley, M., & Philippou, S. (2018). Curriculum making as social practice: complex webs of enactment. *The Curriculum Journal, 29*(2), 151–158.

13) 10)과 동일

14) 허정민, 이진희 (2019). 유아교사들의 교육활동에서 드러나는 아동관과 교육과정에 대한 이해: 발달과 배움의 관점에서. **유아교육연구, 39**(5), 5–29.

찾아보기

| 인명 |

| 내용 |

ㄱ

저자 약력

이 정 욱

덕성여자대학교 유아교육과를 졸업하고 덕성여자대학교 대학원에서 유아교육 전공으로 교육학 석사, University of Wisconsin-Madison에서 유치원교사의 수학교육내용 지식을 주제로 박사학위를 받았다. 제6차 유치원교육과정부터 2019 개정 누리과정까지 국가교육과정 개발에 지속적인 참여를 해왔다. 최근 연구의 관심은 유아교육과정 실행과 유아교육정책 등에 있고, 이와 관련한 연구들을 진행하고 있다. 현재 덕성여자대학교 유아교육과 교수로 재직 중이다.

박 진 이

유아교육 전공으로 덕성여자대학교에서 학사학위를, 중앙대학교 대학원에서 석사학위를 받았다. 이후 덕성여자대학교 대학원에서 '유치원 만 5세와 초등학교 1학년 수학수업에서 나타나는 연계의 모습'이라는 주제로 박사학위를 받았다. 최근 관심 분야는 '유아교육과정', '유초연계교육', '수학교육' 등이다. 현재 동양대학교 유아교육과 조교수로 재직 중이다.

양 지 애

덕성여자대학교와 동 대학원에서 유아교육 전공으로 학사와 석사, '유치원 교사를 위한 유초연계교육 교사연수 프로그램 개발'이라는 주제로 박사학위를 받았다. 주요 관심 분야는 '유아교육과정', '유초연계교육', '수학교육' 등이고, 이와 관련된 연구를 진행하고 있다. 현재 국립공주대학교 유아교육과 조교수로 재직 중이다.

이 소 정

유아교육 전공으로 안양대학교에서 학사학위를, 덕성여자대학교 대학원에서 유아교육 전공으로 석사 및 박사학위를 받았다. 주요 관심 분야는 유아수학교육, 개발도상국의 교육과정과 교사교육, 교육프로그램 등이다. 현재 두원공과대학교 보육복지과 조교수로 재직 중이다.

류 승 희

덕성여자대학교와 동 대학원에서 유아교육 전공으로 학사와 석사 학위를 받았고 박사과정을 수료하였다. 최근 '혼합연령학급 교사의 교육과정 재구성'에 대한 연구를 수행하였고, '영아 · 유아학급에 적합한 교육과정 실행'과 '영유아수학교육', '교사 교육' 등에 관심을 갖고 있다. 현재 '유치원 교사의 교육과정 실행'에 관한 주제로 박사논문을 쓰고 있다.

쟁점 중심의 유아교육과정 이해

1판 1쇄 인쇄 2020년 6월 25일
1판 1쇄 발행 2020년 6월 30일

지 은 이 | 이정욱 박진이 양지애 이소정 류승희
기 획 | 한국유아교육학회
발 행 인 | 박철용
발 행 처 | 양서원
주 소 | 경기도 파주시 직지길 522 파주출판도시
전 화 | 031-955-8000(代)
팩 스 | 031-955-8005
홈페이지 | www.yswpub.co.kr
이 메 일 | yswgroup@naver.com
출판등록 | 1987년 11월 24일 제406-2003-037호

ISBN 978-89-994-1012-3

정가 15,000원